굿바이,
게으름

굿바이, 게으름

게으름에서 벗어나 나를 찾는 10가지 열쇠

• 정신과 전문의 문요한 지음 •

ⓘN 더난출판

굿바이, 게으름

ⓒ 2007, 문요한

초판 1쇄 인쇄 2007년 2월 20일
개정 1판 21쇄 발행 2016년 6월 15일

지은이 문요한 | **펴낸이** 신경렬 | **펴낸곳** (주)더난콘텐츠그룹

본부장 이홍 | **기획편집부** 남은영 · 민기범 · 허승 · 이성빈 · 이서하
디자인 박현정 | **마케팅** 홍영기 · 서영호 · 박휘민 | **디지털콘텐츠** 민기범
관리 김태희 | **제작** 유수경 | **물류** 박진철 · 윤기남

출판등록 2011년 6월 2일 제2011-000158호
주소 04043 서울특별시 마포구 양화로 10길 19, 상록빌딩 402호
전화 (02)325-2525 | **팩스** (02)325-9007
이메일 book@thenanbiz.com | **홈페이지** http://www.thenanbiz.com
ISBN 978-89-8405-375-5 13320

서정주 시인은 자신을 키운 팔 할이 바람이라 했지만
나를 키운 팔 할은 아이들입니다.
나를 다시 꿈꾸게 하고, 나를 다시 태어나게 한
준화와 인하에게 이 책을 선사합니다.

게으름에서 벗어나
자신이 원하는 삶을 살아가라!

책이 나온 지 2년여가 되어간다. 책은 예상보다 많은 사람들의 관심을 받았다. 중학생부터 일흔이 넘는 어르신까지 책을 보고 느낀 것이 많았다는 이메일을 받았다. 그만큼 '게으름'에 대해 자유로운 사람이 없다는 이야기일 것이다. 특히 사람들은 어쩌면 자신의 이야기를 정확하게 썼느냐며 놀라워했다. 마치 자신의 마음속을 들킨 것 같다고 했다. 어떤 분은 게으른 사람들의 마음을 어찌 그렇게 잘 알고 있는지 그 비결이 무엇이냐고 묻기도 했다.

비결이라? 사실 비결이랄 것도 없다. 비결이라면 내가 '게으름뱅이'였다는 사실이다. 돌아보면 내 삶에는 늘 '선택'이 빠져 있었나.

그냥 시킨 일을 하였고 주어진 길을 걸어갔을 뿐이었다. 그러한 삶은 '안전'했지만 동시에 '공허감'을 주었다. 살아오면서 늘 무언가 부족한 것 같은 느낌이 가시지 않았다. 열심히 살아도 그 느낌은 따라다녔다. 나는 그것이 무엇인지도 몰랐다. 결국 그 공허감은 삶에 대한 근본적 게으름에서 비롯되었다는 것을 나는 뒤늦게 깨달았다. 그리고 더 늦기 전에 원하는 삶을 한 번이라도 살아보고자 결심을 하게 되었다. 그 첫걸음이 바로 이 책이었다.

이 책은 나에게 새로운 삶으로 날아갈 날개가 되어주었다. 책으로 인해 방송 출연도 하게 되었고, 기업체와 학교 등의 강의 요청이 이어졌고, 정신훈련 교육기관인 정신경영 아카데미를 오픈하여 일대일 코칭과 성장 리더십 프로그램을 진행하게 되었다. 그러나 그 많은 성과보다 가장 기뻤던 일은 책을 읽고 나서 삶이 바뀌게 되었다는 이야기를 들을 때였다. 한 권의 책이 누군가의 영혼에 힘을 주고, 삶에 전환점이 된다는 것은 가슴 벅찬 경험이 아닐 수 없었다. 저자로서 자신의 힘들었던 과거가 누군가의 마음을 위로해주고, 새로운 삶에 대한 도전이 누군가의 가슴에 불씨가 되었다는 것보다 더 큰 기쁨이 어디 있겠는가! 무수히 많은 일 중에서 이렇게 보람 있는 일을 할 수 있다는 것은 참 감사할 일이 아닐 수 없다. 감사하고 또 감사한 일이다. 그렇지만 또 한편으로는 게으름에서 벗어나기를 원하는 많은 사람들의 기대에 미치지 못했다는 아쉬움도 느낀다.

나는 얼마 전 한 독자로부터 일종의 항의 메일을 받았다. 게으름이 심각해서 당신의 책을 열 번가량 읽어보고, 그 책에서 하라는 대로 따라하고 관련 서적도 보았는데 삶의 방향을 찾을 수 없고 여전히 게으르다는 항의였다. 순간 뜨끔해서 답을 하기 어려웠지만 이렇게 답변을 했다.

"책의 저자로서 무책임하게 느껴질지 모르겠지만 삶의 방향은 스스로 만들어야 합니다. 삶이 당신의 뜻대로 되지 않는 것은 의지가 부족해서가 아닙니다. 읽은 책이 부족해서도 아닙니다. 삶에서의 성공은 당신 자신의 독특함과 대면할 때만 찾아옵니다. 자신의 본성과 강점에 부합된 소망만이 지속적인 힘을 줍니다. 그럴 때만이 보이지 않는 수많은 도움을 받게 됩니다. 자기로 살아갈 때만 성공과 행복은 하나가 됩니다. 그러므로 타인의 성공 경험이나 책은 레퍼런스reference이지 매뉴얼manual이 될 수 없습니다. 지금 당장 길이 보이지 않더라도 원하는 삶을 살겠다는 마음과 미래에 대한 희망의 끈을 놓지 마시길 바랍니다. 점차 자신의 강점과 당신이 원하는 삶의 방향이 서서히 드러날 것입니다. 그리고 그때는 아무도 당신을 붙잡을 수 없을 것입니다."

그렇게 답변하였음에도 불구하고 이런 불만을 느꼈을 독자들에게 좀더 도움이 되지 못했다는 아쉬움은 여전히 남았다. 그래서 언젠가는 1부 '새로 쓰는 게으름'은 두더라도 2부 '게으름과의 결별'

은 내용을 보완하고 수정해야겠다는 생각을 하고 있었다. 게다가 그 동안 게으름의 문제 때문에 힘들어하던 분들과의 코칭 경험이 많이 쌓였기 때문에 새로 추가하고 싶은 내용도 많았다.

그러던 차에 개정판을 발행하면 어떻겠느냐는 출판사의 제안이 때맞춰 이루어졌다. 좋은 기회였다. 그래서 2년여 만에 개정판이 나오게 되었다. 금번 개정판은 '게으름에서 벗어나는 10가지 열쇠'라는 기본적 틀은 그대로 유지하였지만 그 방법론을 보완하는 데 역점을 두었다. 특히 모호한 방법들에 대해서는 적용하기 쉽게 구체적인 내용을 추가하였다. 개정판이 부디 게으름에서 벗어나 원하는 삶을 살아가기를 꿈꾸는 이들에게 보다 효과적인 길잡이가 되길 기대해본다.

2009년 2월

문요한

자기계발 분야의 갈증을 풀어줄 책

이 책은 특별하다. 나는 운 좋게도 출간 전에 저자로부터 이 책에 대한 아이디어와 기본 구성에 대해 들을 기회가 있었다. 그리고 꼭 필요한 책이라는 확신을 갖게 되었다. 세상을 살며 게으름으로부터 자유로운 사람은 없을 것이다. 모든 사람들의 문제이면서 한 번도 정면으로 맞서보지 않은 주제인 게으름을 다뤘다는 사실 자체로 이 책은 훌륭한 모험이며 실험이다.

책을 쓰면서 저자가 힘들어했다는 것을 알고 있다. 이 책은 쉽게 씌어지지 않았고, 그래서 더욱 값지다. 서문에서 스스로 밝히고 있듯, 저자는 살아오면서 게으름의 영향권에서 쉽게 벗어날 수 없었다. 인생의 중요한 기로에서 스스로 결정하지 못했고, 그렇게 외부의 힘에 의해 결정된 아젠다를 따라가면서 회의감을 느꼈다. 외부의 시선은 늘 그의 영혼을 감시했고, 벗어나려고 하면 '이놈' 하고 소리쳤다. 그래서 주류와 대중이 가는 길을 진지한 고민 없이 따라가기도 했다. 그러나 부모가 되면서부터 내면의 목소리를 들을 수 있게 되었고, 게으름에 대항하며 자신만의 이야기를 만들어낼 수 있게 되었다.

작가로서 내가 갖고 있는 확신이 하나 있다. 먼저 자신의 치유를 돕지 못하는 책은 죽은 것이나 다름없다는 믿음이다. 죽음의 수용소 아우슈비츠에서 살아남은 세계적 심리학자 빅터 프랭클의 이야기가 감동적인 것은 그것이 생생한 체험에서 나온 것이기 때문이다. 게으름에서 벗어나는 방법을 이야기하며 저자가 자기 자신을 실험의 대상으로 삼았다는 것, 그리고 스스로를 끊임없는 질문의 상대로 삼았다는 것, 그리하여 결국엔 게으름과의 싸움에서 승자가 되었다는 것이 바로 우리가 이 책을 신뢰할 수 있는 이유다.

상업적인 자기계발서들이 난립하고, 진부한 미사여구가 넘쳐나는 지금, 우리의 갈증을 풀어줄 괜찮은 책이 나와서 기쁘다. 이제 우리 사회가 이 분야에서 다양한 주제를 구체적으로 다룰 수 있는 힘이 생겼다는 기대와 즐거움을 주기에 더욱 좋다.

개인적으로 이 책이 변화경영연구소 연구원의 첫 번째 저술이라는 점에서 감회가 남다르다. 우리는 1년 동안 함께 공부했고 서로 배웠다. 좀더 열심히 하지 못한 게으름을 한탄하면서 말이다. 저자는 자신이 선택한 길을 걸었고, 스스로 약속한 것을 해냈다. 게으름은 결코 그를 방해하지 못했다.

나는 역사학자 에릭 홉스봄의 말을 인용해 지금의 기쁜 마음을 이렇게 표현하고 싶다.

"자기 자신이 마음에 들지 않더라도 포기해서는 안 된다. 아직은 절대로 손에서 무기를 내려놓아서는 안 된다. 자신의 게으름을 규탄하고 맞서 싸워라. 그게 무엇이든 저절로 좋아지는 법은 없다."

구본형 (변화경영연구소)

··· Contents

I 새로 쓰는 게으름

01 천의 얼굴을 한 게으름

02 게으름을 꾸짖을까, 찬양할까?

II 게으름과의 결별

게으름은 선택이다!

'나는 왜 이렇게 게으를까?' '우리 아이는 누굴 닮아 게으른 거지?' '게으름에서 벗어나려면 어떻게 해야 할까?' 누구나 한번쯤은 고민해본 문제들일 것이다. 사실 게으름 때문에 자책해보지 않은 사람은 없다고 해도 과언이 아닐 만큼, 게으름의 문제는 일반적이다.

나는 스스로 불행하다고 생각하는 사람들을 많이 만난다. 정신과 의사라는 직업 때문이다. 불행하다고 말하는 사람일수록 자신이 불행을 원한 것도 아니고 스스로 선택한 건 더더욱 아님을 애써 강조한다. 하지만 상담을 통해 삶의 여정을 되짚어가다보면 그 불행을 피하거나 줄일 수 있었던 수많은 선택의 기회와 마주치게 된다. 그때 비로소 사람들은 깨닫는다. '아뿔싸! 선택하지 않았다는 것도 또 하나의 선택이었구나!' 때늦은 탄식과 후회가 이어진다. 하지만 이러한 깨달음은 불행을 풀어갈 해답을 주기도 한다.

게으름 역시 마찬가지다. 많은 사람들이 게으름에 빠져 있으면서도 스스로 책임지지 않으려 한다. 정작 중요한 일은 하지 않고 자신과의 약속을 상습적으로 깨뜨리면서도 온갖 변명을 늘어놓는다. "다른 일이 바빠서요." "좀더 신중하게 생각해보구요." "원래 천성적으로 게을러서요." "나중에 하려구요." 그러면서 끊임없이 선택을 망설이고 과제를 미룬다. 그렇기 때문에 게으름 역시 명백한 선택이다. 선택을 회피한 선택! 이것이 바로 게으름인 것이다. 꼭 빈둥거리며 뒹구는 것만이 게으름은 아니다. 똑같은 하루를 반복하고, 중요한 일을 뒤로한 채 사소한 일에 매달리고, 결성을 끊임없이 미루고, 능력이 됨에도 불구하고 도전하지 않는 등 게으름은 다양한 모습으로 나타난다.

게으름은 늪과도 같다. 처음에 빠져나오면 탈출이 가능하지만 시간이 지날수록 힘들어진다. 그때부터는 탈출하려고 발버둥칠수록 늪에 더 깊이 빠져버리게 된다. 게으름에 친숙해지기 시작하면 서서히 자기화自己化가 이루어진다. 마치 자신이 원래부터 게으른 사람이었던 것처럼 정체성으로 굳어져간다. 그때부터는 물고기가 자신이 물에 젖어 있음을 의식하지 않는 것처럼 더 이상 자신의 게으름을 돌아보지 않는다. 게으름에 대한 자책도, 후회도 놓아버리고 현실을 잊어버린 채 자신의 내면과도 이별해버린다.

　그러나 다 타버린 잿더미 속에도 불씨가 남아 있듯, 스스로 끝났다고 선언하지 않는 이상 우리에게는 가능성이 늘 함께한다. 삶이란 가능성의 다른 이름인 것이다. 한 가닥 희망을 놓지 않는 사람들은 인생의 어느 순간, 삶을 뒤흔드는 내면의 목소리와 마주하게 된다. 그 목소리는 '이렇게 살아도 괜찮은가?' '이게 나의 전부인가?'라고 묻는다.

　나는 이 책을 그런 내면의 물음과 마주한 사람들을 위해 썼다. 스스로 게으르다고 생각하지만 더 나은 삶에 대한 가능성을 잃지 않은 사람들을 위해 썼다. 앎과 실천 사이에서 종종 길을 잃고 헤매지만 끊임없이 그 간격을 좁혀나가려는 사람들을 위해 썼다. 그들은 지금의 모습이 전부가 아니며, 자신 안에는 '더 큰 자신'이 존재함을 믿는 사람들이다. 때로는 자기반성이 지나쳐 스스로 무너지기도 하지만, 의미 있는 삶을 위한 노력을 결코 멈추지 않는 사람들이다.

　내가 게으름을 주제로 책을 쓴 데는 몇 가지 이유가 있다. 첫째는, 나 자신이 게을렀기 때문이다. 나는 어릴 때부터 귀에 못이 박히도록 '열심히 살아라!'라는 말을 듣고 자랐다. 엄한 아버지 밑에서 자란 나는 학교에 들어가고부터 늘 형들과 함께 이른 아침에 일어나야 했고, 특별한 날이 아니면 텔레비전을 볼 수 없었으며, 겨울에도 찬물로 씻어야민 했다. 아버지가 집에 게시는 동안에는 공부할 마음이 있건 없건 늘 책상 앞에 앉아 있어야 했다. 속으로는 '아버지 언제 나가시나!' 하고 곁눈질 하면서도 책상에 앉아 무언가를 '하는 척' 해야만 했다. 그렇지 않으면 호통이 쏟아졌기 때문이다. 그런데 어느 틈엔가 '이놈!' 하는 목소리는 내면화되어버렸다. 그러다 보니 누가 있건 없건 늘 무언가 하고 있어야 마음이 편했다. 나는 늘 '~하는 척'하는 인생을 살아왔던 셈이다. 그런 나의 모습이 다른 사람들에게는 게으름으로 보이지 않았을 것이다. 그런데 문제는 그런 생활에 젖어 정작 내가 원하는 것을 알지도 못했고 찾으려고도 하지 않았다는 점이다.

나는 청소년기를 거치면서 '어떻게 살 것인가?' 같은 추상적인 질문들은 늘 놓지 않으면서도 '내가 원하는 것이 무엇인가?' '무엇을 하고 살 것인가?'와 같은 구체적인 질문들은 전혀 하지 못했다. 인생을 살아가기 위해서는 두 가지 질문이 모두 필요하다는 것을 나는 한참 뒤에야 깨달았다. 그 전까지 내가 할 수 있는 선택이란 결국 나른 사람들의 뒤를 따라다니는 것이었다. 그 길은 그럴싸해 보였고 게다가 안전했다.

이를테면 나는 대학입학원서 마감일이 눈앞에 닥쳐왔는데도 학과를 정할 수 없었다. 그저 막연히 사전지식도 없던 '식물학과'에 가고 싶다고 부모님께 말씀드렸다. 부모님은 그런 나를 보며 한심하다는 듯 물으셨다. "식물학과 나와서 뭐 하고 먹고살 건데?" 나는 결국 대답조차 못하고 부모님이 원하신 의대에 진학했다. 이후로도 늘 나의 삶은 도전과 선택을 피해가는 삶이었다.

쓰지 않는 것은 녹슬기 마련이다. 나의 도전정신과 자유의지는 급속도로 위축되었다. 나이 서른도 되기 전에 내 삶의 모든 것이 다 결정되어버렸다는 체념이 들었다. 그건 마치 내가 구球에서 육면체로 변해버린 듯한 느낌이었다. 더 구를 수 없을 것 같은 느낌, 그 느낌은 바닥을 알 수 없는 깊은 상실감을 남겼다. 하지만 시간은 그 상실감마저 안고 흘러갔다. 나는 내가 무엇을 원하는지 더 이상 묻지 않은 채 살아갔다. 그 동안의 내 삶은 항해를 떠나지 못하고 부두에만 정박해 있는 배와 같았다. 나는 항해 중이라 생각했지만 실은 줄에 묶인 채 흔들린 것에 불과했다. 가야 할 목적지도, 물과 음식 그리고 지도도 없었다.

그런 내게 어느 순간 삶을 뒤흔드는 질문이 찾아왔다. 아이가 태어나 부모가 된 순간이었다. '계속 이대로 살 것인가?'라는 질문이 떠나지 않았다. 나는 드디어 출항을 결심했다. 그 이야기를 이 책에 담고 싶었다. 나의 경험을 비슷한 처지에 있는 사람들과 공유하고 싶었다.

둘째로, 이 책을 통해 정신과 의사로서 일하며 알게 된 변화의 원리들과 인간이 가진 변화의 본성을 이야기하고 싶었다. 사람들은 흔히 편안함이나 게으름을 추구하는 것이 인간의 본성이라 말한다. 하지만 그것은 절반의 진실일 뿐이다. 나는 인간은 끊임없이 더 나은 존재가 되고자 하는 속성을 지녔다고 믿는다. 물론 주위를 둘러보면 변화에 도전하기보다는 현실에 안주하는 사람들이 더 많을 수도 있다. 그러나 그것은 인간의 본성이 아니라 우리가 현실에 부딪히면서 꺾이고 뒤틀린 모습일 뿐이다.

나는 변화가 본성임을 아이들에게서 본다. 아이들은 결코 포기하지 않는다. 이렇게 해서 안 되면 저렇게 하고, 저렇게 해서 안 되면 또 다르게 시도해서 가능성을 현실로 이어간다. 넘어지는 것이 두렵다고 달리지 않는 아이를 본 적이 있는가? 아이들은 결코 '포기'와 '게으름'을 갖고 태어나지 않는다. 그것은 우리가 세상에 태어나 자라면서 배운 것들이다.

셋째는 새로운 자기계발 이론의 필요성 때문이었다. 사실 정신의학의 관심 대상은 환자이지 보통 사람들이 아니다. 또한 증상의 치료에 목표를 둘 뿐 가능성의 계발에는 그다지 관심을 보이지 않는다. 그럼에도 나의 관심은 정신의학 너머에 자주 머물렀다. 예를 들어 끔찍한 교통사고를 경험했을 경우, 어떤 사람은 '외상후 스트레스 장애'에 빠져 다시는 차를 타지 못하는 반면, 어떤 사람은 지난 인생을 돌아보고 180도 바뀐 인생을 살아가기도 한다. 스포츠 선수들의 경우도 부상을 당하면 슬럼프에 빠진다. 하지만 누군가는 계속되는 재활훈련을 통해 재기에 성공하고, 누군가는 슬럼프에서 영영 헤어나오지 못한 채 사람들의 기억 속에서 잊혀져간다. 왜 이런 차이가 나타나는 것일까?

나는 이런 개인적 관심의 바탕 위에 효과적인 치유 프로그램 계발을 위해 몇 년 전부터 자기계발 분야에 관심을 갖기 시작했다. 그러면서 자연스레 관련 서적을 읽고, 관련 프로그램을 공부하고, 관련 전문가들을 만났다. 그 과정에서 자기계발 분야가 변변한 이론적 기반조차 갖추지 못한 채 수세기 전의 품성론이나 산업사회 시대의 획일적인 성공학, 처세술 등에 자리를 내주고 있음을 알게 되었다. 그리고 심리학과 정신의학이 '더 나은 삶'을 살고자 하는 다수의 사람들에게 실질적인 도움을 제공하지 못하고 있다는 아쉬움을 느꼈다.

나는 21세기의 심리학과 정신의학은 자기계발의 영역을 포괄해야 하며, 인간의 정신력 함양에 대한 실천적 답을 제시할 책임이 있다고 생각한다. 정말 미흡하지만 나는 이 책을 통해 자기계발과 심리학 그리고 정신의학의 진지한 만남을 시도해보고 싶었다. 이 책에서 시도한 자기계발과 심리학, 정신의학의 만남이 때로는 낯설게 보이거나 어울리지 않을 수도 있을 것이다. 하지만 앞으로 서로의 만남이 늘어나고 관계의 기술이 향상되면 더 근사하고 알찬 결실을 맺을 수 있으리라 믿는다.

이 책은 총 2부로 구성되어 있다. 1부에서는 게으름에 대한 전반적인 이해를 돕기 위해 게으름의 역사, 정의, 양상, 원인들을 나름대로 분석해서 제시하였다. 2부는 실천편으로, 어떻게 하면 게으름에서 벗어날 수 있을지 그 구체적 방안들을 소개했다. 정말 게으른 사람이라면 따라할 엄두를 못 낼 내용들일지도 모르겠다. 하지만 모두 따라하겠다는 마음을 비우고 우선 편하게 읽어 내려갔으면 한다. 그러다가 마음을 후려치는 대목이 있으면 그 지점에서 멈춰 서 작은 용기를 냈으면 좋겠다. 조금씩 실천해보겠다는 용기 말이다.

이 책은 더 나은 삶을 꿈꾸는 모든 사람들에게 보내는 격려의 편지이자, 새로운 길을 떠나고자 하는 나 자신과의 다짐이기도 하다. 이 책과 함께 많은 분들이 부두를 벗어나 새로운 항해를 시작할 수 있었으면 좋겠다.

마지막으로 몇몇 분들에게 감사의 말을 전하고 싶다. 먼저 살아오면서 늘 나를 믿고 지지해주신 부모님께 감사드리고 싶다. 두 분은 공부에는 나이가 없음을 평생 몸으로 가르쳐주셨다. 그리고 늘 '더 나은 사람'이 되고 싶은 마음을 불러일으켜주는 아내에게 고마움을 전하고 싶다. 그녀의 배려와 희생이 없었다면 이 책은 나오지 못했을 것이다. 그리고 좋은 글을 쓸 수 있을 거라며 아낌없이 격려해주었던 친구 태수와 동원에게 감사의 마음을 전하고 싶다.

이제 특별한 감사를 드리고 싶은 분이 남았다. 변화경영연구소의 구본형 선생님이다. 나는 선생님 문하에서 1년 동안 연구원으로서 수업을 받았다. 선생님과의 만남을 통해 나는 비로소 자기계발 이론의 토대를 세울 수 있었고, 한국형 자기계발 프로그램을 만들어나갈 수 있었다. 하지만 이론적 성과보다 더 값진 것은 내 인생 처음으로 닮고 싶은 누군가가 생겼다는 것이다. 선생님은 바로 이 책의 결론이라고 할 수 있는 '자기로서 사는 삶'의 역할모델이기 때문이다. 마지막으로 새로운 자기계발의 지평을 열어가는 데 뜻을 같이해준 더난출판 가족에게 감사의 마음을 전한다.

I
새로 쓰는 게으름

01 천의 얼굴을 한 게으름

미루기 위해서는, 낮은 순위의 일들을
시기적절하고 보다 중요한 일들과 바꾸기만 하면 된다.

— 윌리엄 너스

●●● 게으름이란 무엇인가

"당신은 게으릅니까?" 누군가 이런 질문을 던진다면 뭐라 대답할 것인가? 이 책을 읽는 독자라면 '게으르다'는 쪽의 답이 더 많을지 모르겠다. 그런데 과연 어떤 사람이 게으른 사람일까? 사실 '게으름'이란 말은 지극히 상대적이면서 동시에 주관적이다. 게으르다고 느끼기 위해서는 게으르지 않은 비교 대상이 필요하기 때문이다. 또한 게으름에 대한 객관적 기준이란 것이 없기에, 삶의 에너지를 99퍼센트 쓰고 있는 사람이 1퍼센트 쓰지 않은 것을 두고 자신을 게으르다 여길 수 있고, 반대로 99퍼센트는 쓰지 않고 1퍼센트만 쓰는 사람이 자신을 게으르지 않다고 여길 수도 있다.

실제로 나는 한동안 게으르다고 자책하며 살았지만, 나를 아는 사람들은 그런 이야기를 들으면 무슨 소리냐며 의아해했다. 그런가 하면 나의 동창 중 한 명은 학교 때부터 공부는 뒷전이고 노는 데는 선수인데, 한 번도 제 입으로 자신의 게으름을 탓한 적이 없다. 그는 물론 마음속으로도 자신이 게으르지 않다고 생각한다. 그는 나에게 늘 "인생 별것 없다. 기본만 해라!" 라고 충고한다.

이렇듯 게으름에 대한 기준은 모호하고 사람마다 다르다. 게다가 언제부터인가 게으름을 예찬하는 책들이 등장하기 시작하면서 혼란은 더해가고 있다. 그렇다면 게으름에 대한 정의부터 하고 넘어가는 것이 순서일 것이다. 게으름의 정의에 관해 본격적으로 이야기하기에 앞서 두 가지 사례를 먼저 살펴보기로 하자. 아래에 소개하는 두 사람 중에 과연 누가 게으른 사람일까?

사례 1
끊임없이 공부하는 K씨

K씨는 5년째 행정공무원으로 재직하고 있다. 그녀는 처음부터 공무원이 자신의 적성에 맞지 않다고 생각했지만 장기적인 안정성을 고려해 이 직업을 선택했다. 하지만 5년 내내 남의 자리에 앉아 있는 것 같은 느낌을 지울 수 없었다. 그녀는 자신이 서서히 말라 죽어가고 있다고 느낀다. 마음 같아서는 공무원을 그만두고 한의학이나 심리학을 다시 공부하고 싶지만 험난한 현실적 과정을 생각하면 어느새 그런

생각은 사그러든다.

하지만 공부에 대한 열의만은 대단하다. 그녀는 시간이 날 때 책을 읽는 것이 아니라 매일 규칙적으로 책을 읽는다. 그녀가 읽는 책은 그야말로 다양하다. 그녀는 늘 여러 분야에서 해박한 지식을 갖추려고 노력한다. 동료나 친구들과의 대화 중에 잘 모르는 주제가 등장하면, 별로 관심 없는 분야일지라도 꼭 관련 책자나 인터넷 정보를 찾아본다.

그런 그녀의 컴퓨터와 서류함과 책장에는 미처 소화하지 못한 많은 정보와 자료들이 산더미처럼 쌓여 있다. 그녀는 끊임없이 무언가를 배운다. 좋은 강의나 자기계발 프로그램이 있으면 시간과 돈을 투자해서 쫓아다닌다. 벌써 2년 넘게 플래너를 작성하며 하루하루 짜임새 있는 일과를 보내느라 여념이 없다.

이런 열성적인 노력에도 불구하고 그녀는 늘 무언가 채워지지 않는 결핍감을 느낀다. 남에게 뒤처지고 있다는 열등감과 불안함도 느낀다. 그리고 무엇보다 그녀는 늘 자신이 게으르다고 생각한다. 그녀는 그럴수록 더욱더 시간 구두쇠가 되어간다.

K씨의 삶을 들여다보면 참 철두철미하다. 공부에 대한 열정과 노력은 혀를 내두를 만하다. 하지만 아쉬운 점은 그 많은 노력에 초점이 없다는 것이다. 그녀에겐 삶을 관통하는 어떤 키워드가 없다. 그녀는 과연 게으른 것일까, 게으르지 않은 것일까?

대학생인 L군은 가족들에 의해 끌려오다시피 병원에 왔다. 집이 지방이라 혼자 자취를 하는 그가 병원에 온 사연은 이랬다. 그는 6개월 전부터 사행성 게임에 점점 깊이 빠져들었다. 그러다보니 갖은 핑계로 집에서 돈을 타 쓰게 되었고, 그것도 부족하여 한 학기 등록금을 다 써버렸다. 친구들에게 빌린 돈만 해도 상당한 액수였다. 성적이 곤두박질친 것은 당연지사였다. 뒤늦게 이를 안 집에서는 난리가 났다.

상담시간에 그의 말을 들어보니 그는 삶과 미래에 대해 매우 회의적이었다. 그는 세상이 싫다고 했다. 남들이 만들어놓은 틀에 맞추어 살지 않겠다고 했다. 그는 나이답지 않게 세상을 달관한 사람처럼 이야기했다. 아는 것도 많고 읽은 책도 많았다. 어려운 노장사상과 니체까지 들먹이며 삶의 덧없음을 이야기했다. 그는 브레이크가 없는 현대인들에게 놀이와 게으름이 필요하지 않느냐고 되물었다. 자신은 게임 중독에 빠진 것이 아니라 일부러 게으름을 피우는 것이라고 했다. 그는 자신이 언제든 마음만 먹으면 게임을 끊을 수 있다고 자신있어했다.

L군은 염세주의자였다. 그는 이 사회에 대한 날 선 비판을 보여주었지만 어떠한 대안도 제시하지 않았다. 세상이 싫을 뿐이었다. 거듭된 면담 과정에서 그는 자신에게 쏟아지는 부모의 과중한 기대를 벗어버리고 싶었노라고 말했다. 하지만 그는 효과적인 방법을 알지 못했다. 사행성 게임이라는, 자신을 파괴시키는 행위를 통해 부모

의 기대와 욕심을 무너뜨리고 싶었던 것이다.

두 가지 사례를 들어보았다. 누가 게으르고 게으르지 않은지 쉽게 구분이 되는가? 나는 두 인물이 모두 게으르다 생각하고 소개했다. 게으름을 판단할 때는 '삶에 방향성이 있느냐 없느냐'가 중요하기 때문이다. 이제부터 그 이야기를 본격적으로 풀어가보자.

국어사전을 보면 게으름이란 '행동이 느리고 움직이거나 일하기를 싫어하는 태도나 버릇'이라고 설명되어 있다. 우리가 평소 알고 있는 정의와 흡사하다. 쉽게 말해 손발을 움직이지 않는 것이다. 그러나 게으름은 위장의 천재다. 사실 게으름을 노골적으로 피우는 사람은 그리 많지 않다. 위장된 게으름disguised laziness은 대부분 '해야 할 일을 하지 않고 중요하지 않은 일에 매달리는 모습'으로 나타난다. 당장 내일이 시험인데 공부는 않고 책상 정리하고 대청소를 하는 식이다. 이 경우, 사실은 게으른데 게으르지 않은 것처럼 보일 수 있다. 그것은 우리가 흔히 운동량momentum을 기준으로 게으름 여부를 판단하기 때문이다. 즉, 움직임이 많으면 부지런하고, 가만히 있으면 게으르다고 보는 것이다.

하지만 게으름은 행위 자체가 아니라 태도, 즉 능동성activity에 의해 구분된다. 아무런 물음이나 생각 없이 반복적인 일상을 바쁘게 사는 것도 삶에 대한 근본적인 게으름이다. 반면, 움직임 없이 쉬고 있더라도 그 자체를 온전히 즐기고 있다면 그것은 게으름이 아니다. 마음과 행위가 유리될 때 우리는 게으른 것이다.

● ● ● 작은 게으름과 큰 게으름

그렇다면 이제 게으름의 정의를 좀더 명료하게 내려보자. 나는 이 책에서 게으름을 이렇게 정의하려 한다. '게으름이란 삶의 에너지가 저하되거나 흩어진 상태'이다. 혹시 게으른 사람 중에 에너지가 넘치는 사람을 본 적이 있는가? 게으르면서도 무언가에 몰입한 사람을 본 적이 있는가? 분명 없을 것이다. 하지만 이 같은 정의도 모호하고 광범위한 것이 사실이다. 그러니 우선 게으름의 범위를 좁힐 필요가 있다. 일단 이 책에서는 어떤 신체적, 정신적 질병에 의해 발생하는 게으름은 제외하기로 한다. 문제가 너무 복잡해지기 때문이기도 하지만, 그 경우에는 해당 질병을 고치는 것이 가장 좋은 해결방법이기 때문이다.

초점을 명확히 하기 위해 게으름을 세분해서 살펴보자. 게으름에는 작은 게으름과 큰 게으름이 있다. 먼저 '작은 게으름'이란 '삶의 주변 영역에서 에너지가 저하된 상태'를 말한다. 주변 영역이라 함은 삶을 유지해주는 일상적 활동을 뜻한다. 예를 들면, 옷을 벗어놓고 잘 치우지 않는다든가, 잘 씻지 않는다든가, 정리정돈을 잘 못한다든가, 아침잠이 많다든가 하는 것이다. 이것들은 말 그대로 작은 게으름이다.

사실 이 정도 게으름조차 없는 사람은 없다. 생각해보라. 그런 사람이 있다면 정말 정 떨어지지 않겠는가! 우리가 알고 있는 그 어떤 완벽한 사람도 삶의 한 영역에서는 분명 게으르다. 물론 작은 게으름을 고치지 못할 때 큰 게으름으로 이어지기도 한다. 하지만 인간의 에너지는 한계가 있는 법. 삶의 모든 영역에서 부지런할 수는 없다. 우리는 오히려 모든 영역에서 부지런하려고 할 때 더 게을러지는 아이러니와 흔히 마주친다. 결국 핵심은 모든 일을 열심히 하는 것이 아니라 중요한 일을 열심히 하는 것이다.

그렇다면 '큰 게으름'이란 무엇인가? 큰 게으름은 '삶의 중심 영역에서 에너지가 저하된 상태'를 말한다. 여기서 말하는 중심 영역의 핵심은 더 나은 삶을 추구하는 지향성에 있다. 즉, '발전적인 미래지향성'을 삶 속에 간직하고 실천하고 있는가를 기준으로 게으름을 나눈다. 이런 기준으로 보면 하루를 열심히 사느냐 안 사느냐가 중요한 것이 아니다. 오늘 하루가 내일로 연결되어 삶의 지향성을 갖느냐, 아니면 그냥 하루하루의 연속일 뿐이냐가 중요하다.

열심히 일을 하고 있더라도 지향성이 없다면 그것은 큰 게으름에 속한다. 반면에 휴식을 취하더라도 내일을 위해 스스로 택한 휴식이라면 그것은 결코 게으름이 아니다. 즉, '제자리걸음 혹은 뒷걸음

질을 하고 있는가, 아니면 한 발 한 발 앞으로 나아가고 있는가?'가 관건인 것이다. 오늘과 내일을 연결할 끈을 가지고 있는 사람은 게으르지 않다. 그러나 게으른 사람들에게 내일은 오늘의 반복일 뿐이다. 그들은 하루하루를 연결할 끈이 없거나, 있더라도 너무 부실한 사람들이다.

이 책은 우리가 '큰 게으름'에서 어떻게 벗어날 수 있는가에 대한 이야기이다. 따라서 앞으로 나오는 게으름이라는 말은 '작은 게으름'이 아니라 '큰 게으름'을 가리킨다는 것을 기억해주기 바란다.

Tip 게으름과 잠

신리학자인 댄 크립케Dan Kripke와 그의 동료들은 6년여에 걸쳐 100만 명의 수면 패턴을 연구한 바 있는데, 그 결과는 아주 드라마틱하다.

평균 7~8시간을 잔 사람들의 사망률이 가장 낮았고, 4시간 정도 자는 사람들은 이들보다 2~2.5배 사망률이 높았으며, 10시간 이상 자는 사람들 역시 사망률이 1.5배 높았다. 간단히 말해서 회복 시간이 너무 길거나 너무 짧은 쪽 모두 사망률 증가의 위험을 안고 있다는 것이다.

수면은 에너지를 새롭게 재충전하는 것은 물론, 세포가 성장하고 몸이 스스로를 수리하고 치유하는 시간이다.

— 짐 로허 / 토니 슈워츠, 《몸과 영혼의 에너지 발전소》 중에서

잠을 많이 자는 사람들은 흔히 게으르다는 인상을 준다. 그래서 사람들은 게으름에서 벗어나기 위해 잠을 줄이는 시도를 하거나 '아침형 인간'을 표방하며 수면 패턴을 바꾸기도 한다. 그런데 과연 잠자는 시간을 줄이는 것이 바람직한 일일까?

잠은 대체적으로 세 가지 기능을 한다. 첫째, 스트레스 해소와 마음의 회복이다. 수면은 낮 동안의 피로, 긴장, 불유쾌한 감정 등 여러 가지 스트레스를 해소한다. 잠을 잘 자고 나면 아무리 불쾌했던 감정이라도 좋아지는 것을 모두 경험해보았을 것이다. 그래서 정신적 질환이 생기면 수면패턴의 변화가 동반된다.

둘째, 효율적인 정보처리 능력과 집중력을 향상시킨다. 인간은 수면을 통해 불필요한 정보는 삭제하고 중요한 정보는 장기기억으로 전환하여 보존한다. 이를 기억의 장기강화LTP: Long-Term Potentiation 현상이라고 한다. 그렇기에 수험생에게 잠을 충분히 푹 자라는 말은 괜히 하는 말이 아니다.

셋째, 신체의 기능 회복과 성장을 촉진한다. 잠을 자는 동안 성장과 관련한 여러 가지 호르몬이 분비되므로 아이들은 잠을 잘 자야만 성장이 제대로 이루어진다. 성인의 경우에도 만성적인 불면에 시달리게 되면 면역력이 떨어지고 노화가 더 빨리 진행되기 쉽다. 미국 스탠포드대학 메디컬 센터의 데이비드 스피겔 박사에 의하면 "잠을 제대로 자지 못할 경우 호르몬 불균형이 초래되어 암에 걸릴 수 있으며, 특히 암 환자는 암세포 증식이 가속화될 수 있다"고 한다. 몇 가지 연구 결과를 보면 성인의 경우 하루 평균 7시간 정도가 최상의 기억과 정신건강 상태를 유지시켜주는 것으로 보인다.

●●• 게으름 = 선택장애?

"당신은 삶의 지향성을 갖고 있습니까?" 누군가로부터 이런 질문을 받는다고 치자. 자신 있게 대답하는 사람도 있겠지만, 대답하기 어려운 사람들이 더 많을 것이다. 그렇다면 지향성은 어디에서 나올까? 능동적인 선택이야말로 삶에 지향성을 부여한다. 지향성과 능동적 선택은 서로 맞물려 있는 기어와 같다. 능동적 선택을 통해 지향성이 갖춰지고, 지향성이 있으면 더 능동적으로 선택하게 되는 것이다.

물론 게으름도 선택이다. 하지만 엄밀하게 말해서 게으름은 선택이 아닌 회피이다. 만일 게으름을 능동적으로 선택했다면 우리는 그것을 게으름이 아니라 여유라고 불러야 한다. 게으름은 마지못해 선택했거나 아무것도 선택하지 않았기 때문에 나타난 것이다.

게으른 사람들은 하나같이 선택을 피하고 변화를 싫어한다. 그들은 일을 맡겨주면 잘할지는 모르겠지만 스스로 일을 찾아 하지는 않는다. 좋은 말로 하면 욕심이 없는 사람들이고, 안 좋은 말로 하면 매사에 동기가 부족한 사람들이다. 아니, 욕심이 없다기보다는 자신이 무엇을 좋아하는지를 모르는 사람들이다. 선택하고 도전하지 않았기에 자신이 잘할 수 있는 것이 무엇인지도 모른다. 게으름은 그런 의미에서 '선택장애Choice Difficulty' 혹은 '선택 회피 증후군

Choice Avoidance Syndrome' 이라고 할 수 있다. 그렇기에 선택할 능력이 있다는 것은 정신적으로 건강하다는 지표가 되며, 그가 자유를 지향하고 있음을 보여준다.

선택 회피는 여러 가지 양상으로 나타난다. 가장 흔한 양상은 선택의 순간을 기약 없이 미루는 것이다. 이는 게으른 사람들의 대표적인 방식이다. 지금은 할 일도 많고 바쁘니까 머리 아프고 어려운 문제는 '다음'으로 미루는 것이다. 그런데 '다음'은 달력에도 없는 날이라는 걸 그들은 알고 있을까?

두 번째 양상은 결정권을 남에게 맡겨버리는 것이다. 이것은 종종 상대에게 매너 좋은 행동으로 비춰질 수도 있다. 흔히 사람을 만나거나 데이트를 할 때 상대를 존중하는 의미에서 함께 볼 영화나 식사 메뉴에 관한 선택권을 넘기는 경우가 많다. 하지만 이것이 삶의 모든 영역에서 패턴을 이루고 있다면 이는 명백한 게으름이다. 우리는 주위에서 전공과목이나 직업 선택조차 남의 판단에 맡기는 경우를 볼 수 있다. 이것은 자신이 무엇을 해야 하는지 잘 모르고 있다는 의미인 동시에 삶에 대해 책임지지 않겠다는 태도이다. 나의 선택이 아니었으니 잘못되어도 책임질 필요가 없다는 것이다.

세 번째 양상은 선택의 폭을 지나치게 좁히거나 넓혀버리는 것이다. 선택의 가짓수를 무한정 늘려버리고 그 안에서 최상의 것을 고른다며 고민하는 것은 결국 고르지 않겠다는 뜻이다. 반대로 선택의 범위를 과도하게 좁혀 쉬운 일에만 매달려 있는 것도 선택을 피하는 행동이다. 능동적 선택이란 선택에 따른 위험성을 감수하는 것이기 때문이다. 이것을 택해도 좋고 저것을 택해도 좋은 것이라면, 그것은 진정한 의미의 선택이라 볼 수 없다.

살다보면 매순간 선택을 피할 수 없음을 알게 된다. 그렇기에 삶은 '선택하는 것'과 '선택하지 않는 것'으로 나뉘지 않는다. 엄밀하게 말해 삶에는 '스스로 선택하는 것(능동적 선택)'과 '선택을 강요당하는 것(수동적 선택)'이 있을 뿐이다. 그 사이에는 아무것도 없다. 이는 영화 〈스타워즈〉에 등장하는 철학자 요다의 말과도 일맥상통한다. "하거나 하지 않는 것만 존재할 뿐, 하려고 한다는 것은 있을 수 없다." 선택 회피는 결국 수동적 선택의 다른 이름이다. 그렇기에 게으름은 본질적으로 '선택을 피하기로 한 선택'이다.

●●● 게으름의 진행 과정

만성적인 게으름은 사실 의식적인 과정을 단계적으로 거친다기보다 무의식적으로 패턴화되어 있어 자동적으로 이루어진다. 하지만 게으름에 대한 이해를 높이기 위해 이를 나누어서 살펴보도록 하자.

게으름의 과정은 크게 4단계로 나눌 수 있다. 어떤 상황이 주어졌을 때 이를 부정적으로 느끼는 '부정적 지각'의 단계와 선택을 회피하는 '정신적 게으름'의 단계를 지나 행동으로 게으름을 피우는 '행위적 게으름' 그리고 자신의 행위를 변명하는 '자기합리화'의 4단계로 진행되는 것이다.

상담사례를 통해 좀더 구체적으로 살펴보자. 한 여대생이 있었다. 그녀는 졸업을 6개월 앞둔 상태였는데 졸업, 아니 취업이라는 상황을 몹시 두려워했다. 의존적인 성격의 그녀에게 사회로 나아가는 것은 그 동안의 생활과는 차원이 다른 실질적인 '독립'을 의미했기 때문이다. 그녀에게 세상은 '혼자서 살아가기에 위험천만한 곳'이었다. 그래서 다른 친구들은 모두 취업준비를 하는데 혼자만 자꾸 시작을 미뤘다. 그러나 시간이 지나면서 그녀의 마음은 점점 불안해져만 갔다.

그러다가 갑자기 '차라리 대학원에 가볼까?'라는 즉흥적인 생각을 했다. 그리고 뒤늦게 대학원 준비를 시작했다. 하지만 집안의 반대로 그것마저 여의치 않자 다시 취업을 알아보며 허겁지겁 취직시험을 준비했다. 결국 몇 군데 응시를 했지만 모두 떨어지고 말았다. 그런데 예민한 성격의 그녀는 시험에 떨어지고도 스트레스나 상처를 별로 받지 않았다. 왜일까? 일차적으로는 독립하기 싫다는 내면의 욕구가 충족되었기 때문이고, 이차적으로는 비록 시험에 떨어져서 자존심이 상했지만 '준비가 늦었어. 난 취업보다는 대학원 진학

❖ 게으른 사람들의 행동 과정

1단계 부정적 지각	2단계 정신적 게으름	3단계 행위적 게으름	4단계 자기합리화
상황의 부정적 요인들을 중점적으로 지각함	선택을 미루거나 떠넘기는 식으로 회피함	수동적으로 받아들이고 시작을 미루거나 중요하지 않은 일에 매달리다가 막판에 서두름	게으름에 대한 합리화나 자기비난을 시도하고 '다음'을 기약함

을 원했는데……'라는 핑계거리가 있었기 때문이다.

게으름에서 벗어나려면 각각의 단계에 따른 자신의 반응을 잘 살펴본 후 합리적이고 적극적인 대처방안을 강구해야 한다. 특히 상황을 지각하는 '1단계'에 대한 교정이 반드시 필요하다. 왜냐하면 게으른 사람들은 일단 할 일이 주어지는 상황 자체를 위험하거나 불쾌한 자극으로 받아들이고 이를 피할 궁리부터 하기 때문이다.

그들은 애초부터 긍정적 요인들은 따져보지도 않고 부정적 요인들에만 집중한다. 이것이야말로 가장 중요한 차이이다. 게으름에서 벗어나려면 주어진 상황을 위협으로 받아들이는 두뇌의 인식에 브레이크를 걸어야 한다. 이에 대한 대응전략은 이후에 다시 언급하기로 하겠다. 그렇다면 게으르지 않고 실천적인 사람들은 같은 상황에서 어떻게 행동할까? 이들의 대응을 보면서 게으름에 대한 단계별 대처법에 관해 생각해보자.

'실천적인 사람들의 행동 과정'을 보면서 '에이~ 이런 사람이 어디 있어?'라고 생각하는 독자도 있을 것이다. 물론 이것은 이상적인 모델에 가깝다. 하지만 실천적인 사람들은 게으른 사람들과 달리 실제로 이러한 태도가 몸에 배어 있다. 이는 선천적 요소라기보다는 살면서 경험과 훈련을 통해 익혀야 하는 후천적 요인이다. 능동적인 사람들이 공통으로 갖고 있는 능력을 대략 네 가지로 나누어 살펴보자. 더 자세한 이야기는 게으름에서 벗어나는 법을 다룬 책의 후반부에서 다시 하기로 하겠다.

1 ┃ 긍정적 지각 능력

역시 제일 중요한 것은 상황 지각과 분석 능력이다. 능동적인 사람들은 늘 자신이 처한 상황에서 발전적, 긍정적 요소들을 먼저 살피고 이후에 위험 요인들을 고려한다. 사실 이러한 능력은 도전과 이에 따른 만족스러운 경험이 있어야 형성된다.

2 ┃ 목표 분할 능력

능동적인 사람들은 큰 목표를 자신의 상황과 능력에 맞게 조각낼 줄 안다. 그들은 목표를 쪼개고 기간을 나누어 단계적으로 일을 처리해나간다.

1단계 긍정적 지각	2단계 분석과 계획 수립	3단계 실천	4단계 평가 혹은 재시도
도전적 자세로 긍정적 요소들을 먼저 지각하고 위험 요소도 살핌	할 일을 분석하여 기한을 부여하고 세부적인 계획을 세움	목표달성이라는 큰 그림을 놓치지 않고 작게 나누어진 일에 점차적으로 몰입함	성과와 한계를 평가하고 때로는 재시도를 함

3 | 미래지향적 사고 능력

능동적인 사람들도 게으른 사람처럼 할 일을 두고 불편함을 느끼지만 그들은 미래와 오늘을 연결시킬 줄 안다. 즉, 당장 눈앞의 편안함을 위해 일을 마냥 미루면 이는 미래의 더 큰 불편함으로 되돌아올 것임을 잘 알고 있고, 지금 노력했을 때 미래의 목표 달성에 따른 긍정적 결과를 생생하게 떠올릴 줄 안다. 이들은 그런 점에서 '큰 그림'을 놓치지 않는 사람들이다.

4 | 재시도 능력

능동적인 사람들 역시 원하는 목표에 도달하지 못하는 경우가 있다. 하지만 그들은 이를 실패라 보시 않고 재시도의 기회로 본다. 이것이야말로 게으른 사람들에게 없는 결정적 능력이다.

서두름의 대표적 양상 중 하나가 '막판 투혼(벼락치기)'이다. 누구나 경험을 통해 알고 있겠지만 막판 투혼은 매우 효율적인 일처리 방식이 될 수 있다. 똥줄이 타는 상황에서 짧은 시간에 고도의 집중력을 발휘해 투자 대비 최대의 성과를 올릴 수 있기 때문이다. 그래서 '똥줄 의존증'에 빠진 사람은 무슨 일이든 미리 시작하는 법이 없다.

사실 똥줄이 탄다는 말은 더 이상 피할 재간이 없음을 뜻한다. 'no way out! no exit!'의 상황이다. 그렇기에 중독성도 강하다. 이처럼 급한 상황에서 막판 투혼이 가능한 것은 아드레날린이라는 호르몬 때문이다.

하지만 이러한 긍정적 효과는 반복될수록 그 약발이 떨어진다. 똥줄 의존증이 반복될 경우, 일을 끝내야 하는 시간이 가까워져도 긴장이 되지 않고 집중력도 유지되지 않는다. 아드레날린의 과다분비 덕분에 집중력을 발휘했는데 어느 틈엔가 우리 몸이 이에 적응해 점차 효과가 약해지는 것이다. 의학적으로는 내성이 생겨난 셈이다.

●●● 게으름은 변신의 귀재

게으름은 변신의 귀재다. 이제 그 게으름의 면면을 더 자세히 들여다보기로 하자.

1 | 선택의 회피

결정 미루기, 떠넘기기, 선택의 폭 조절하기. 이는 가장 대표적인 게으름의 양상인 동시에 게으름을 유발하는 원인이기도 하다. 이 부분은 이미 35쪽에서 자세히 이야기한 바 있으므로 여기서는 설명을 생략한다.

2 | 시작의 지연

해야 할 일이나 하기로 한 일의 시작을 자꾸 미룬다. 물론 시작을 해놓고 게으름을 피우기도 하지만 대부분은 시작부터 하염없이 미룬다. 게으른 사람들은 한번 발동이 걸리려면 몇 시간씩 예열을 해야 한다. 그래서 정작 본격적 활동을 시작하려 하면 시간이 별로 남아 있지 않다. 그러니 어쩔 수 없이 막판 투혼을 발휘하게 된다. 이를테면 이들은 과도한 시작 의식儀式이나 준비에 매달리곤 한다. 시험을 앞두고 책상이나 주변 정리를 평소보다 훨씬 공들여서 하거나, 여러 가지 색연필로 공부 계획표를 예쁘게 작성하는 식이다. 그러면서 정작 공부는 안 한다.

강박적인 성향이 강한 사람들일수록 어떤 일을 할 때 나름대로의 의식과 진행방식을 거쳐야 하기 때문에 준비에 많은 시간을 소모해버리기 쉽다. 완벽주의 성향이 있는 사람들도 완전한 준비에 매달리므로 결국 그 시작이 하염없이 늘어져버린다.

3 | 약속 어기기

고지서 납부일 넘기기, 약속시간 늦게 가기, 마감일 넘겨 과제 제출하기 등 흔히 볼 수 있는 모습들이다. 이러한 모습들은 도전과 실패에 대한 두려움 때문에 선택을 피하는 심리과정이 원인이기도 하지만, 단순한 습관의 문제인 경우가 많다. 하지만 이 역시 스스로 선택한 것이라는 점만은 분명하다.

4 | 딴짓 하기(대체행동)

눈앞에 닥친 중요한 문제를 애써 회피하고 나중에 해도 되는 사소한 문제를 잡고 많은 시간을 보낸다. 교묘하게 우선순위를 바꾸어놓는 것이다. 당장 리포트를 제출해야 하는데 엉뚱하게 밀린 사진이 많다며 앨범을 정리하거나, 이사 갈 집을 먼저 알아보러 다녀야 함에도 불구하고 새 집에 필요한 물건부터 인터넷으로 찾아보는 식이다. 이 같은 대체행동은 당면한 일을 피함으로써 생기는 불편을 최소화하는 최선의 자기방어이기도 하다.

5 | 꾸물거리기

이 역시 흔하게 볼 수 있는 게으름이다. 하기로 한 일이나 해야 할 일들을 그냥 대충대충 슬렁슬렁 하는 것이다. 이러한 태만과 대체행동은 대개 쌍으로 움직인다. 태만한 사람이 일하는 과정에는 사이사이 대체행동이 끼어 있기 마련이다. 이런 모습을 보이는 이들은 일에서 마음을 분리시킨 사람들이다.

6 | 철퇴 withdrawal

이는 게으름이 심화된 상태에서 보이는 모습으로, 현실에서 물러나 아무 일도 하지 않는 경우다. 병적 게으름에 빠진 사람들의 공통된 양상이다. 삶에 계획성도 없고 활동도 없다. 더 이상 자기 자신에게 질문하지 않고 스스로를 돌아보지도 않는다. 그렇다고 다른 이에게 매달리지도 않는다.

세상과의 끈은 물론 내면과의 끈 역시 놓아버린 이들의 두 발은 허공에 떠 있다. 외부 세계와 내면 모두를 양면 차단함으로써 스스로를 보호하려 한다. 이들은 어떤 대상에 지나치게 집착하는 중독 상태에 빠져 있는 경우가 많다. 일본의 '히키코모리(은둔족)'와 우리나라의 '폐인 문화'는 어느 정도 이런 속성을 지니고 있다고 볼 수 있다.

7 | 눈치 보기

게으른 사람들은 눈치를 많이 본다. 첫 번째로, 자신의 게으름이 탄로나지 않을까 늘 눈치를 본다. 두 번째로, 자신이 게으른지 게으르지 않은지를 판단하기 위해 다른 사람들과 자신을 자꾸 비교한다. 세 번째로, 자신만의 주관이 없고 매사에 책임지지 않으려 하기 때문에 선택권을 늘 남에게 넘기고 그 반응을 살핀다.

이들은 자신이 뭘 원하는지 잘 모르고 스스로 결정하는 것에 극히 서투르지만 누가 뭘 하자고 하면 손쉽게 따라나선다. 예를 들어, 꼭 해야 할 일이 있어 책상에 앉아 있는데 누군가 전화해서 놀자고 하면 기다렸다는 듯이 나간다. 물론 "이러면 안 되는데……" 하는 형식적인 말을 남기는 것은 빼놓지 않는다.

8 | 서두름

'아니, 서두름도 게으름이야?' 이렇게 물을 수도 있을 것이다. 물론 서두름도 게으름의 일종이다. 이 둘은 서로 밀접하게 연결되어 있다. 대개 서두름은 할 일을 하지 않는 게으름 뒤에 이어지는 행동이기 때문이다. 예를 들면, 아침에 늦게 일어나 학교나 직장에 쫓기듯 뛰어가는 것과 비슷하다. 왜 서두르는가? 해야 할 일을 제때 하지 않았기 때문이다. 뒤늦게 서둘러보지만 이는 정해진 수순을 밟고 가는 것이 아니라 건너뛰고 가는 것이다.

9 | 즉각적 만족 추구와 중독

게으른 사람들은 싫증을 많이 느낀다. 그들은 인생의 '큰 그림'을 갖고 있지 않거나 가지고 있더라도 잘 보지 않는다. 그렇기에 싫증

비활동성 게으름 (전형적 게으름)	활동성 게으름 (위장된 게으름)
1. 시작 미루기	1. 딴짓 하기(대체행동)
2. 약속 어기기, 기한 넘기기	2. 과도한 준비, 복잡한 시작 의식
3. 꾸물거리기	3. 서두름
4. 철퇴	4. 즉각적 만족 추구(중독)

을 견디기보다는 순간의 기쁨을 추구한다. 별다른 노력을 기울이지 않고도 즉각적 만족을 얻을 수 있는 '중독'에 빠지기 쉽다. 하지만 외부 자극이 주는 쾌락은 그 유효기간이 짧다. 그것은 목 마를 때 탄산음료를 마시는 것과 유사해서, 이내 더 큰 자극을 필요로 하게 된다.

●●• 병적 게으름

이 책에서 말하는 병적 게으름pathologic laziness이란 정신의학적 진단에는 없는 말이다. 이는 임상 분야와 자기계발 분야에서의 경험을 토대로 이 책에서 처음으로 소개하는 용어이다. 공인되지 못한 표현을 소개하는 데에는 몇 가지 이유가 있다.

첫째, 정신의학적 진단체계로는 심각하게 게으른 사람들을 제대로 표현할 수 없기 때문이다. 물론 병적으로 게으른 사람들 중에는 중독, 우울증, 강박장애, 인격장애와 같은 특정 정신질환의 진단기준을 만족시키는 사람이 많다. 하지만 그러한 병명이 그들이 가진 문제를 다 표현해주는 것은 아니며 특정 진단에 포함시키기 어려운 사람들도 있다.

둘째, 병적으로 게으른 사람들이 점점 많아지고 있기 때문이다. 이는 그만큼 이 사회에 적응하지 못하는 사람이 많아지고 있음을 의미한다.

셋째, 게으름이라고 다 같은 게으름이 아니기 때문이다. 게으름도 손을 쓰지 않고 방치하면 다른 질병처럼 계속 악화되어간다. 결국 삶의 전 영역이 게으름에 침식당하는 '병적 게으름'에 빠질 수밖에 없고, 이 경우에는 혼자 힘으로 벗어나기 어려워진다. 이때는 정신건강 전문가의 도움이 필수적이기에 '병'이라고 볼 수 있다.

넷째, 병적 게으름을 따로 구분함으로써 대부분의 사람들이 느끼는 게으름은 스스로 어찌할 수 없는 질병이나 천성이 아님을 명확히 하고 싶었다. 즉, 대부분의 게으름은 스스로 선택한 것이며, 따라서 스스로 벗어날 수 있다.

그렇다면 일반적인 게으름과 병적 게으름은 어떻게 다를까? 병적 게으름은 게으름에 대한 자기방어를 포기했다는 점, 그리고 게으름의 피해가 삶의 특정 영역에 국한되는 것이 아니라 삶 전체로 확장된다는 점에서 일반적인 게으름과 구분된다. 당연히 회복하는

	일반적 게으름	병적 게으름
방어 수준	자기방어	포기
	(변명 또는 비난)	(맹비난 또는 자기외면)
피해 범위	개인적 피해	개인 및 주변의 피해
게으름의 범위	삶의 중심 영역	삶의 전체 영역
대인관계 영향	대인관계 유지	대인관계 회피
게으름의 위장	유	무

데에도 더 많은 시간과 노력이 요구되며 혼자 힘으로 빠져나오기가
무척 어렵다.

●●· 게으름과 비관주의

자신이 무능하다고 생각하는 사람은 비관주의자가 될 수밖에 없
다. 물론 힘을 가진 사람들도 때론 비관적일 때가 있지만 비관주의
자가 되지는 않는다. 비관주의자들은 한마디로 힘이 없는 사람들이
다. 힘 없는 자신에 대한 실망과 위안이 비관주의로 이어진다. 비관
주의자들에게 세상은 공정하지 않기에 도전할 가치가 없고, 인생은
허무하기에 살아갈 가치가 없다.

병적으로 게으른 사람들은 비관주의자가 되지 않고서는 자신을
지키기가 힘들다. 그러나 이 역시 튼튼한 보호막은 아니다. 비관주
의라는 보호막 속에 숨어만 있기에는 게으름으로 인한 현실적 피해

들이 너무나 크기 때문이다. 그렇기에 게으른 사람들의 자기방어는 늘 불완전하다. 병적 게으름에 빠진 사람들은 비관주의라는 비가 새는 집에서 쪼그려 잠을 잔다. 그리고 그 현실을 잊고 마음을 달래기 위해 쉽게 중독에 빠진다. 점차 현실을 떠나고, 관계를 떠나고, 심지어 자기 자신과도 이별하게 되는 것이다.

이들은 공통적으로 자신의 존재 자체를 '근본적 결함' 또는 '무능함'이라는 고정된 시선으로 바라본다. 물론 이를 감추기 위해 더 거만하게 굴거나 공격적으로 행동하기도 하지만 이는 자신감의 발로라기보다는 열등의식의 소산이다. 병적 게으름에 빠진 사람들이 흔히 하는 생각들을 소개한다. 해당되는 사항이 많을수록 병적 게으름에 빠질 가능성이 높다고 보면 된다.

- 난 처음부터 태어나지 말았어야 했다.
- 난 불량품이다.
- 난 근본적으로 틀려먹었다. 난 구제불능이다.
- 내 진정한 모습을 보면 누구라도 나를 싫어하거나 떠날 것이다.
- 난 결함이 있기 때문에 사랑받을 수 없다.
  (결함이 있는 내가 사랑받으려면 완벽해지는 수밖에 없다.)
- 나에게 행복이란 어울리지 않는다.
  (결함이 있는 한 난 행복해질 수 없다.)
- 내가 잘할 수 있는 것은 세상에 없다.
- 난 무능하기 때문에 실패할 수밖에 없다.
- 난 앞으로 아무것도 이루어낼 수 없을 것 같다.

병적 게으름 진단표

자신의 상태를 표현했다고 생각하면 O, 아니면 X 표를 해보세요.

1. 지난 6개월 동안 게으름에서 벗어나야 한다는 생각을 반복하고 있다. ☐
2. "넌 너무 게을러!"라는 지적을 종종 받고 있다. ☐
3. "난 게을러서 못 해!"라며 맡겨진 일이나 할 일을 자주 피하고 있다. ☐
4. 게으름이 삶 전체의 영역으로 확산되고 있다. ☐
5. 삶의 지향성이나 목표가 없다. ☐
6. 즉각적 쾌락을 주는 대상(술, 게임, 쇼핑, 약물 등)에 점차 중독되어 간다. ☐
7. 난 무능하기 때문에 실패할 수밖에 없다. ☐
8. 게으름에서 벗어나려는 시도가 번번이 실패했다. ☐
9. 대인관계를 피하고 점차 혼자 있는 시간이 많아지고 있다. ☐
10. 내 인생은 더 이상 희망이 없다. ☐

해석 O 표를 한 문항의 숫자를 세어보십시오.

    4개 이상 : 병적 게으름을 의심

    6개 이상 : 병적 게으름

주의 병적 게으름에 해당하려면 위의 조건을 만족시키는 동시에 특정 신체질환과 정신질환(96쪽 참조)에 해당되지 않아야 합니다.

02 게으름을 꾸짖을까, 찬양할까

나태가 아무것도 하지 않고 방치하는 게으른 상태라면,
느림은 삶의 매순간을 구석구석 느끼기 위해
속도를 늦추는 '적극적 선택'이다.

— 피에르 쌍소

● ● · **게으름은 악이다?**

게으름에 대한 이야기나 격언들은 참 많다. 대부분 게으름을 나무라고 노동과 땀을 예찬하는 내용이다. 그런데 그 이야기나 격언들은 누가 지어냈을까? 일을 하는 사람이었을까, 일을 시키는 사람이었을까? 아무래도 일을 시키는 사람이 아니었을까 싶다. 왜냐하면 게으름을 피울 수 있는 것 자체가 하나의 특권이었기 때문이다. 생각해보자. 지난 역사 속에서 누구나 게으름을 피울 수 있었을까? 아니다. 특권층만이 게으를 수 있었다. 피지배계층은 게으르고 싶어도 게으를 수가 없었다. 게으르면 당장 먹고 살 수가 없었을뿐더러 핍박이나 단죄를 받아야 했다. 그에 비해 지배계층은 다수 피지배계층의 노동에 의지해서 살 수 있었기에 게으른 삶이 가능했다. 그러므로 게으름이야말로 아무나 누릴 수 없는 대단한 호사好事이자 독점적 권력이었다.

소수의 독점적 게으름과 다수의 근면을 유지하는 사회체제를 위해 지배계층은 도덕, 철학, 종교 등을 통해 노동의 신성함을 강조하고 게으름은 저질러서는 안 될 죄악으로 취급했다. 6세기의 교황 그레고리 1세는 인간은 '일곱 가지 치명적인 죄'로 인해 파멸할 거라고 설교한 바 있다. 〈세븐〉이라는 헐리우드 영화를 통해 유명해진 그 일곱 가지 죄는 오만, 정욕, 분노, 시기, 나태, 탐욕, 탐식이다. 치명적인 죄들 속에 나태, 즉 게으름이 포함돼 있다. 이처럼 게으름은 서양에서 용서받을 수 없는 죄로 여겨졌고, 이는 소수의 게으름을 가능케 하는 효과적인 이데올로기가 되었다.

16세기 종교개혁 이후 유럽에는 "인간의 구원은 예정된 일이며 구원의 확실한 증거는 개인이 사회생활에서 성공하는 것"이라는 칼뱅의 사상이 급속히 전파됐다. 노동이 신성시되고 직업윤리가 확립된 것이다. 그리하여 소명의식 강조, 이윤 창출, 검약 등으로 대표되는 프로테스탄티즘은 다수의 사람들에게 다음과 같은 메시지로 전파되어갔다. "사람이 열심히 일하고 태만하거나 게으름 피우는 일 없이 아내와 자녀를 돌보면, 부를 누리게 되거나 신이 그의 노력을 상 주실 것이다." 부지런하고 금욕적인 삶은 천국으로 가는 증표가 되고, 태만하고 게으른 사람은 구원받을 수 없는 존재로 전락한 것이다.

점차 노동은 신에 대한 보답으로까지 칭송되기에 이르렀다. 영국의 시인 존 밀턴J. Milton은 "신이야말로 위대한 고용주"라며 인간의 노동은 신의 명령임을 강조했다. 노동의 위치가 격상된 만큼 게으름의 위치는 더 추락했다. 게으름은 이제 죄를 넘어 '영적인 더러움'이자 '악'으로 취급되기에 이르렀다. 그래서 서양에는 이런 격언이 있다. "악이란 최악의 게으름이다.Evil is laziness carried to its ultimate"

물론 교회에서만 게으름을 꾸짖는 것은 아니다. 거의 모든 종교에서 예외 없이 게으름을 질타한다. 예를 들어 법구경에는 "마가반(제석천) 신은 부지런함으로 모든 신의 으뜸이 되었다. 부지런함은 찬미를 받고, 게으름은 언제나 비난을 받는다"는 구절이 있다. 이 외에도 게으름을 꾸짖는 글과 이야기는 시대와 종교를 떠나 헤아릴 수 없이 많다.

● ●·· 시계의 등장과 게으름

아침에 일어나 가장 먼저 하는 일이 무엇인가? 아마 열에 아홉은 시계를 볼 것이다. 시계는 인류의 위대한 발명품 중의 하나이다. 세상의 모든 시계가 사라졌다고 생각해보라. 세상은 곧 아수라장이 될 것이고, 모든 약속이 '해질녘', '해가 중천에 떠오를 때'와 같은 막연한 시간대로 이동할 것이다.

하지만 시계 없는 세상이 꼭 나쁜 것만은 아닐 수도 있다. 지각이란 게 없으니 구차하게 변명을 늘어놓지 않아도 되고, 시간이 되서 밥을 먹는 것이 아니라 배가 고프면 먹을 것이다. 처음에는 불편하겠지만 시간이 갈수록 분초를 다투지 않는 삶이 안겨주는 여유가 우리를 편하게 해줄지 모른다.

나는 2년 전 가족과 함께 괌 여행을 다녀온 적이 있다. 우리 가족은 하필이면 모두 시계가 없었다. 그런데 공교롭게 괌에도 시계를 차고 다니는 사람이 많지 않았다. 우리는 수시로 시간을 확인하고 싶다는 충동을 느꼈다. 시간을 확인하지 못하는 것이 그렇게 강한 금단증상을 남길지 몰랐다. 하지만 시간이 조금 지나자 오히려 편하다는 생각이 들기 시작했다.

어느덧 우리는 쫓기는 마음 없이 이국의 풍경을 즐길 수 있었다. 이국의 아이들과 함께 어울렸고 괌의 일몰을 하염없이 지켜보다가 때늦은 저녁을 먹기도 했다. 시계에 맞춰 빡빡한 일정대로 움직였다면 좀더 많은 곳을 볼 수 있었겠지만 '시계 없는 여행'이 주는 묘미는 만끽하지 못했을 것이다. 여행의 묘미 중 하나는 질서로부터의 이탈이 아니겠는가!

시계의 등장으로 영원의 시간이 쪼개지면서 삶 역시 전체성을 잃고 쪼개지기 시작했다. 그리고 예전에는 존재하지 않았던 새로운 단어들이 출현했다. 시간과 장소의 심리학을 연구하는 캘리포니아 주립대학 심리학과 교수 로버트 레빈은 《시간은 어떻게 인간을 지배하는가》라는 책에서 시계의 등장을 이렇게 소개하고 있다.

균일한 시간의 측정은 현대의 발명품이다. 분과 초라는 개념은 더욱 최근에 등장했다. 시간의 작은 단위까지 정확하게 측정할 수 있는 시계가 개발되고 나서야 '제시간'이나 '5분 늦어' 사과하는 것 같은 개념들이 의미를 갖게 되었다. 최초의 기계 시계가 시간을 표시하기 시작한 직후에 영어에 스피드라는 단어가 등장했다. 17세기 후반이 되어 '정시에punctual'라는 단어가 약속 시간에 정확하게 도착하는 사람을 묘사하기 위해 사용되기 시작했다. 그 후 1세기만에 오늘날 쓰이는 '시간엄수punctuality'라는 단어가 영어에 처음으로 등장했다. (…중략…) 시계의 발명 이전에는 꼭 해야 할 약속이 있으면 대개 새벽에 하기로 했다. 자연은 사람들에게 가장 정확한 시간 표시 기능 역할을 했다. 산업화와 함께 등장한 시계로 인해 모든 것이 변하기 시작했다. 시간을 정확하게 지키는 특성이 비로소 성취, 성공과 관련을 맺게 되었다. 시계 시간에 맞춰 사는 것은 바쁘게 사는 신흥계급의 결정적인 특성이 됐다. 아울러 시계를 소유하는 것은 이런 부류에 속한다는 상징이 됐다.

그래서 문명비판가인 루이스 멈포드 같은 사람은 산업혁명의 가장 핵심적인 기계장치는 증기기관차가 아니라 시계라고 말하기도 했다. 휴대시계의 발명은 정확한 시간을 알려줌으로써 사람들로 하여금 일정한 시간에 동시에 움직이는 것을 가능케 했다. 통제와 표준화의 확실한 토대가 닦여진 것이다.

사람들은 이제 영원과 같은 긴 세월보다는 시간 자체에 매몰되었다. 생산은 시간으로 측정되었고 급여 역시 노동시간에 근거하여 지불되었다. 공장은 시간 경쟁에 앞 다투어 빠져들었고 이는 '테일러리즘'으로 이어졌다. 지난 20세기 초, 프레드릭 테일러는 자신이 일하는 공장에서 작업형태와 업무 소요시간을 일일이 측정하여 효율적인 공정방식을 개발함으로써 생산성을 획기적으로 끌어올렸다. 시간이 돈이 되는 세상이 온 것이다. 이제 게으름은 부도덕인 동시에 가난의 직접적 원인으로 치부되었다. 부지는 부지런하고 가난한 자는 게으르다는 등식이 성립함으로써 이제는 '가난'조차도 비난의 대상이 되어버린 것이다.

● ●· 우리에겐 게으를 권리가 있다!

그러나 시간경쟁이 낳은 강도 높은 노동조건과 열악한 근로환경은 노동자들을 분노하게 만들었다. 혹독한 노동은 노동자들로 하여

금 '열심히 일해야 한다'는 당위에서 깨어나 '무엇을 위해, 누구를 위해 열심히 일해야 하는가?'라는 질문을 하게 만들었다.

1883년, 프랑스 사회주의 운동의 선구자이자 카를 마르크스의 사위인 폴 라파르그는 '게으를 수 있는 권리Le Droit la Paresse'를 발표했다. 그는 이 선언에서 자본주의 사회에서 노동이란 인간성을 파괴하고 자본가의 착취를 정당화하기 위한 수단에 불과하다고 주장했다. 또한 '노동은 신성한 것'이라는 직업윤리는 자본가의 논리일 뿐이며, 하루 12~13시간의 중노동에 시달리는 노동자들은 그 이데올로기의 희생자임을 강조했다. 폴 라파르그에게 게으름은 자본가에 대한 프롤레타리아의 능동적 대항이자 정당한 권리였던 것이다.

결국 게으름에 대한 예찬은 자본주의 사회의 병폐에 대한 저항적 색채를 띠고 시작됐다고 볼 수 있다. 이는 1800년대 초 영국에서 전개되었던 러다이트 운동Luddite Movement : 산업혁명으로 일자리를 잃은 영국의 노동자들이 실업과 빈곤의 원인이 기계에 있다며 기계를 파괴한 운동과도 맥락을 같이한다. 하지만 기계파괴가 빈곤의 해결방법이 아니듯 게으름 역시 일의 고통에서 벗어나는 전략으로는 적절하지 않았던 것으로 보인다.

20세기에 접어들면서 게으름에 대한 예찬은 더욱 늘어났다. 보다 많은 사람들이 생활 속의 게으름을 추구했다. 산업사회가 인간의 소외를 부추기고 있다는 문제의식이 공감대를 넓혀갔기 때문이다. 버트런드 러셀은 《게으름에 대한 찬양》이란 책에서 이렇게 이야기한다.

내가 진심으로 말하고 싶은 것은, 근로가 미덕이라는 믿음이 현대사회에 막대한 해를 끼치고 있다는 것이다. 따라서 행복과 번영에 이르는 길은 조직적으로 일을 줄여가는 것이다.

러셀은 하루 4시간 정도만 일하면 모두에게 충분한 일자리가 생기고 여가를 즐겁게 보낼 수 있으며 행복과 선한 본성이 피어날 것이라고 주장한다. 러셀이 일을 줄이고 여가 시간을 늘려나가자는 주장을 했다면, 피에르 쌍소Pierre Sansot는 게으름에 보다 많은 가치를 부여했다. 그는 《게으름의 즐거움》이란 책에서 게으름에 대해 이렇게 이야기한다.

말하자면, 게으르다는 것은 있는 그대로 내버려둔다는 것이다. 그것은 슬기로움이나 너그러움의 한 형태다. 물러났다가 세상으로 다시 돌아와야 한다. 삶은 처음부터 끝까지 가볼 가치가 있다. 때로는 빠르게, 때로는 느리게, 처음부터 끝까지 살아볼 가치가 있다. 마치 포도주 잔에 빠져들어 한 방울 한 방울 그 맛을 느끼며 즐기듯이 말이다.

이들은 게으름을 악덕이나 죄악이 아니라 지혜이자 미덕으로 격상시켰다. 게으름이야말로 마음의 부富를 쌓는 수단이라며 칭송했다. 이는 특정 시대만의 흐름으로 끝나지 않고, 1960년대에 물질사회에 반기를 들고 탈사회적 행동을 이끌었던 미국의 히피 문화, 1970년대에 급여보다는 삶의 질과 여유를 중시한 유럽의 다운시프트족downshifts으로 계승됐다. 그리고 현대에 들어 '느림의 미학'으로 확장되면서 환경주의와 LOHAS족 'Lifestyles Of Health And Sustainability' 의 약자로 건강과 지속적인 성장을 추구하는 사람들을 말한다 으로 이어지고 있다.

게으름이란 단어에 어느덧 자연친화와 탈물질주의적 가치들이 가미되어 미덕으로까지 승격된 것이다. 게으름은 이제 고전적 의미에서 벗어나 '삶의 여유와 인간성 회복'을 상징하면서 새롭게 재조명되고 있다. 그리하여 게으름은 '느림'이나 '여유'라는 말들과 어깨를 나란히 하기에 이르렀다.

●●· 게으름 예찬자들은 과연 게으를까?

그런데 게으름이 지혜와 여유로 재조명되는 순간, 정말 게으른 사람들은 어떻게 됐을까? 그들도 덩달아 혼탁한 물질문명을 정화시킬 세례자로 등극했을까? 이런 표현이 너무 거창하다면, 오랫동안 가해졌던 안팎의 도덕적 비난이 줄어들었을까? 안타깝게도 그

건 아닌 것 같다.

　나는 게으름을 예찬한 사람들이 애초부터 게으름이란 말을 쓰지 말았어야 했다고 생각한다. 물론 일부는 수동적 게으름을 뜻하는 'lazy'가 아니라 능동적 게으름에 가까운 'idle'이라는 표현을 사용하기도 했다. 그러나 그렇다 하더라도 게으름이라는 말 대신 '느림'이나 '여유'라는 말을 예찬했어야 옳다. 그들은 게으름을 예찬한다고 했지만, 그들이 말하는 게으름이란 느림과 여유이지 고전적 의미의 게으름이 아니기 때문이다.

　그들은 게으름에 느림과 여유의 의미를 덧붙임으로써 게으름이라는 말의 본래 뜻에 혼란을 주고 말았다. 생각해보면 우리는 종종 혼란을 느낀다. '내가 지금 휴식을 취하는 것일까? 게으름을 피우는 것일까?' 우리는 은연중에 휴식을 취하면서도 게으름을 피운다고 느끼기도 하고, 게으름을 피우면서도 여유를 누리고 있다고 착각하기도 쉽다. 그렇다면 이를 구분할 수는 없을까? 구분은 의외로 쉽다. 여유는 능동적 선택에 의한 것이고, 게으름은 선택을 피하기 때문에 찾아오는 것이다. 여유는 할 일을 하면서 충분히 쉬는 것이지만, 게으름은 할 일도 안 하면서 제대로 쉬지도 못하는 것이다. 그 시간을 보내고 나서 재충전이 되었다면 여유이지만, 후회와 오히려 피로만 더 쌓였다면 이는 게으름이라고 할 수 있다.

　이렇게 다른 두 단어가 게으름을 예찬하는 목소리가 늘어나면서 구분이 더욱 흐릿해져버렸다. 피에르 쌍소의 경우에도 두 단어 사이에 혼란을 느꼈던 것이 아닌가 하는 생각이 들 만큼 상반된 이야기를 한다.《게으름의 즐거움》에서 게으름을 찬양한 그는 자신의 또 다른 책《느리게 산다는 것의 의미》에서 게으름과 느림은 다르다고 이야기한다.

삶을 즐기려면 느려져야 한다. 느림은 게으름과 다르다. 게으름은 아무것도 하지 않고 방치하는 상태인 반면, 느림은 삶의 매순간을 제대로 느끼기 위한 '적극적인 선택'이다.

왜 그랬을까? 어쩌면 게으름을 예찬하는 사람들은 정작 게으른 사람들을 고려하지 못했던 것이 아닌가 싶다. 그들이 염두에 둔 것은 속도 중독에 빠져버린 바쁜 사람들이었다. "정신 없이 바쁘게 사는 이들이여! 이제 그만 멈춰 서서 자신이 어디로 가는지를 보고 내면의 목소리에 귀기울이라!"는 메시지를 전달하고 싶었던 것이다. 결국 게으름을 예찬한 사람들이 정작 게으른 사람들에게 보낸 메시지는 없었다. 전혀 의도하지는 않았겠지만 게으른 사람들에게 또 다른 상처를 주었거나 게으름에 대한 좀더 세련된 핑계거리를 주었는지도 모르겠다.

그렇다면 정작 게으름을 찬양한 사람들은 게을렀을까? 물론 아니다. 그들은 두 말할 나위 없이 부지런한 사람들이었다. 게으른 사람이 사회의 병폐를 드러내고 대안을 제시한다는 것은 말 그대로 어불성설이다. 그렇기에 게으름을 찬양하는 사람들은 '부지런 가문' 출신임을 숨길 수 없다. 《게으름에 대한 찬양》을 쓴 버트런드 러셀은 98세로 생을 마감할 때까지 매일 3천 단어 이상의 글을 써낸 초인적인 인물이었다.

 게으름을 예찬하거나 느림의 미학을 말하는 이들이 태생적으로 부지런한 사람들이라는 사실은 아이러니가 아닐 수 없다. 결국 부지런한 사람들끼리 삶의 속도를 가지고 두 부류로 나뉜 셈이다. 부지런한 사람들 중에서 한쪽은 스피드를 강조하고, 다른 한쪽은 느림을 강조하는 부류로 가지치기를 한 것이다.

Tip 게으름뱅이들의 회의

 게으름을 찬양하는 사람들 중 일부는 '느림' 보다는 '최소한의 활동'을 지향한다. 어떤 의미에서 보면 이들이야말로 게으름을 찬양하며 게으르게 살아가는, 언행일치된 진짜 게으름뱅이일 것이다. 그 예가 되는 모임이 2004년에 이탈리아에서 열려 화제가 된 바 있다. 그 모임에 대한 소개 기사를 살펴보자.

이탈리아의 한 스키 휴양지에서 제1회 전국 게으름쟁이 회의National Convention of the Idle가 열렸다. 이탈리아의 코미디 배우이자 작가인 지아니 판토니를 비롯한 게으름쟁이들은 게으름을 찬양하기 위해 스위스 접경 이탈리아의 산악 마을 샴폴루크에 모이는 수고를 기꺼이 감내했다. 대신 그들은 케이블카를 이용해 편안하게 회의장에 당도했다. 참석자들은 또 게으름을 주제로 한 세미나가 절대 30분을 넘지 않고, 긴 낮잠시간을 반드시 준다는 다짐을 받고 왔다. 조직위 측은 또 힘들게 노력하는 수고를 피하는 법에 대한 10계명을 참석자들에게 제공했다. 10계명은 "절대 남보다 먼저 행동하지 않는다, 실행은 남들의 몫임을 명심한다, 어떤 일에 절대 자발적으로 나서지 않는다" 등을 포함한다. 이 회의 주최자 중 한 명인 지아니 판토니는 게으른 사람들은 노력하는 사람들처럼 땀을 흘리지 않고도 같은 결과를 얻어내는 현명한 방법을 찾는 만큼, 게으름은 악덕이 아니라 지적 능력의 한 표현이라고 주장한다.

— 2004년 8월 10일, 〈연합뉴스〉

03 게으른 사람들의 변명

> 모든 형태의 미룸은 기본적으로 '내일의 환상'을 갖고 있다.
> 그 미룸이 아무에게도 해가 되지 않을 것이고,
> 지금 미룬 것은 나중에 더 잘할 수 있기 때문에
> 미래는 더 나아질 것이라는 잘못된 희망으로 현실을 오도한다.
> 그러나 미루는 습관을 가진 사람에게 그런 미래는 일어나지 않는다.
>
> ― 윌리엄 너스, 〈미룸의 심리학〉에서

●●● 입과 잔머리만 부지런한 사람들

게으른 사람들은 합리화의 고수가 된다. 게으름이 또 다른 게으름으로 이어지는 것은 자기합리화가 끝없이 일어나기 때문이다. 게을러서 손가락 하나 까딱하지 않는 사람들도 유독 부지런한 부분이 있으니, 그것은 바로 '잔머리'와 '입'이다. 변명의 순간만큼 게으른 사람이 부지런해질 때는 없다. 성경은 게으른 이들의 변명을 이렇게 꾸짖고 있다. "게으른 자는 선히 대답하는 사람 일곱보다 자기를 지혜롭게 여기느니라." (잠언 26 : 16)

인간은 표면적으로는 말과 행동이 다르기도 하지만 정신적으로는 일관성을 유지하려는 경향이 있다. 그래서 사람들은 흔히 자신의 태도와 행동의 불일치를 용납하지 못한다. 태도와 행동에 모순이 나타나면 사람들은 생각을 바꾸거나 행동을 고치게 된다. 태도와 행동 사이의 불일치 상태를 심리학에서는 '인지부조화cognitive dissonance'라 부른다. 이때 인간은 일관성을 유지하려는 경향 때문에 모순된 상황을 해결하려고 인지적 조화를 시도한다.

예를 들어보자. 과음이 해롭다는 걸 잘 아는 사람이 반복적으로 폭음을 한다면 그의 태도와 행동은 모순된다. 이때 그가 인지적 조화를 이루려면 생각이나 행동에 변화를 보여야 한다. 술을 절제한다면 행동을 바꾸어 인지조화를 추구하는 것이고, '사람은 술이 취해야 진실해진다!'라거나 '한번씩 취하도록 술 먹고 놀아야 스트레스가 확 풀린다'는 식으로 생각한다면 태도를 바꾸어 인지조화를 추구하는 것이 된다.

행동을 바꾸기 어려울수록 사람들은 자신의 태도를 바꾸게 된다. 그리하여 결국 주위 사람에게 말이나 태도를 바꾸는 사람으로 비춰지기 쉽다. 그럼에도 정작 자신은 이런 평가를 받아들이지 못한다. 만일 누군가로부터 달라진 태도에 대해 지적을 당하면 이들은 "내가 언제 그런 소리를 했어!"라며 화를 내기 쉽다.

게으름에서 벗어나지 못하는 사람들도 마찬가지이다. 게으름의 폐해를 스스로 잘 알고 있기 때문에 이들은 여러 가지 복잡한 합리화를 시도한다. 그러므로 게으름에서 벗어나기 위해서는 반복적인 자기변명의 패턴을 인식하고 이를 엄정한 자기반성으로 바꾸어야 한다.

●●•• 게으름뱅이들의 단골 레퍼토리

변명이란 곧 자기합리화다. 선택을 연기하고 할 일을 미룬 것에 대해 그럴듯한 구실이나 논리적 이유를 대는 것이다. 즉, 게으름은 '선택의 회피'라는 사실과 '지금 회피할 수밖에 없는 이유'라는 변명으로 이루어져 있는 셈이다.

■ 첫 번째 변명 : 기약 없는 후일을 약속한다

가장 흔히 하는 변명이다. 게으름을 피울 때도 많이 하지만 게으름으로 인해 안 좋은 결과가 주어졌을 때도 많이 한다. 여기에는 세 가지 다른 유형이 존재한다.

1) 게으름을 신중함으로 미화하는 경우

'신중해. 아직 확실치가 않아. 실패하면 큰일이니까 좀더 알아보고 다음에 해야지!'라며 자꾸 선택과 시작을 미룬다. 완벽주의자나 자기회의가 강한 사람일수록 이런 변명에 익숙하다.

2) 눈앞의 즐거움에 집착하는 경우

중요한 일을 앞두고 '오늘까지는 쉬고 내일부터 하자!'라며 지키지도 않을 약속을 한다. 흔히 중독에 빠진 사람들이 이런 변명을 많이 한다. 그 대상이 술, 약물, 게임, 도박, 쇼핑 등 무엇이든 상관 없다. 그들이 공통적으로 외치는 말은 '딱 오늘만!', '딱 한 번만!'이다. 하지만 그들에게는 매일매일이 오늘의 연속일 뿐이다.

3) 게으름을 효율성으로 미화하는 경우

어떤 사람들은 일을 막판에 몰아서 하는 것을 효율적인 방식이라 여기며 일단 미뤄놓기를 좋아한다. 이들은 일을 모을 줄만 알 뿐 나눌 줄은 모른다. 게으름으로 인해 안 좋은 결과가 벌어지면 이들은 역시 '다음부터는 잘하자!'라고 자기위안을 하며 게으름의 결과를 쉽게 잊어버린다. 하지만 '다음'이라는 말은 입에 발린 소리일 뿐이다.

- "닥치면 하게 돼 있어. 난 오히려 막판에 실력이 나와."
- "조금씩 하느니 나중에 모았다가 한꺼번에 해야지."

■ **두 번째 변명 : 게으름을 철학으로 미화한다**

이는 게으름이 극복해야 할 대상이 아니라 개성, 혹은 가치관에 따라 얼마든지 향유할 수 있는 자신만의 권리라고 주장하는 태도이다. 이런 변명을 주로 하는 이들은 순간적인 쾌락을 즐기자는 쾌락주의자부터 세상은 아무 의미가 없다는 회의주의자까지 다양하다. 흔히 게으른 사람들은 회의주의나 쾌락주의에 빠져 있는 경우가 많다. 물론 두 집 살림을 하는 사람들도 있다.

- "난 귀차니스트야! 내가 하기 싫은 일은 결코 하지 않아!"
- "사람이 말이야, 여유를 가지고 살아야지. 일에는 때가 있는 법이야!"
- "노력해봐야 무슨 소용 있어. 모두 욕심일 뿐이야. 삶이란 그냥 다 헛된 거야!"
- "인생 뭐 있나! 그냥 즐기면서 사는 거지."

■ 세 번째 변명 : 게으름은 자신의 선택이 아니라고 부인한다

게으름의 원인을 외부 상황이나 다른 사람의 탓으로 돌린다.

- "회사 일이 워낙 바빠야 말이지. 그 일을 할 상황이 안 됐어."
- "그 일은 나에게 맞지 않아! 그런데 맞는 일이 뭔지는 모르겠어."

■ 네 번째 변명 : 게으름을 타고난 것 혹은 바꿀 수 없는 것으로 본다

가장 최악의 자기합리화이다. 위에 소개한 합리화로 잘 방어가 되지 않을 경우 아예 선천적인 요인으로 게으름을 바라보거나 변화할 수 없는 고정된 특성으로 받아들임으로써 더 이상의 노력을 하지 않겠다는 합리화이다.

- "난 천성이 게을러! 우리 집안이 원래 그래. 어쩌겠어!"
- "나는 원래 게으른 사람인데 노력한다고 바뀌겠어!"

● ● ·· 자기비난도 결국은 변명이다

게으른 사람이 변명만 늘어놓는 경우는 거의 없다. 그들은 변명과 동시에 끊임없는 자기비난에 빠져든다. 게으른 사람들은 합리화만으로는 버티지 못한다. 게으름이 어느 정도의 선을 벗어나면 합리화만으로는 방어가 되지 않기 때문이다. 게으름으로 인한 문제가 터져나오는 상황에서 계속 정당성을 부여하기가 어려워지는 것이다. 결국 어느 선이 지나면 사람들은 게으름을 인정하고 '자기비난'에 빠지게 된다.

그래서 대부분의 게으른 사람들은 자기합리화와 자기비난의 양극단을 오간다. 초기에는 대부분 자기합리화로 변명을 하는 경우가 많고, 게으름이 심해질수록 자기비난의 강도가 세진다. 완벽주의적이고 회의주의적인 성향을 가진 사람들일수록 초기부터 자기비난이 심하다.

그런데 주의할 것은 자기비난 역시 자기합리화만큼 병적이라는 사실이다. 게으름을 피우면서도 스스로 게으르지 않다고 변명하는 것과, 게으름을 피우는 자신을 비난하면서도 계속해서 게으름에 빠져 있는 것은 별 차이가 없다. 둘 다 게으름에서 벗어나는 데 전혀 도움이 안 된다는 점마저 똑같다.

자기비난은 자기성찰이나 자기반성과는 질적으로 다르다. 자신의 일부분을 비판하는 것이 아니라, 자신을 통째로 싸잡아서 '나쁜 ×', '게으른 ×', '무능한 ×'라고 규정지어버린다. 그 한 마디에 한 인간이 갖고 있는 다양성과 가능성은 죽어버린다. 비난의 봇물에 긍정적 측면들이 모두 씻겨나가버린다. 그렇기에 자기비난은 근본적으로 자기부정이며 자기배반이다.

자기비난이 계속되면 선택과 도전은 더욱 멀어지고, 그래서 더 게으름에 빠지게 된다. 결국 자기비난도 큰 범주에서 보면 자기합리화에 불과하다. 그렇기에 스스로를 게으르다고 욕하며 자기비난에 빠져 있는 사람은 사실 자기 자신을 가장 잘 방어하고 있는 셈이다. 비난으로 비난을 방어하는 고차원적 전략인 것이다.

04 모든 게으름엔 이유가 있다

너는 안이하게 살고자 하는가?
그렇다면 항상 군중 속에 머물러 있으라.
그리고 군중에 섞여 너 자신을 잃어버려라.

— 프리드리히 니체

게으름의 원인은 복합적일 수밖에 없다. 기질적 요인, 심리적 요인, 환경적 요인 등이 복합적으로 작용하여 나타나는 것이지, 하나의 원인으로 단순하게 이해할 수 있는 현상이 아니다. 이 책에서는 많은 원인들 중에서 성격적 특성, 사회 환경적 요인, 뇌와의 연관성, 정신에너지의 수준 등을 주로 살펴보기로 하겠다.

●●• 게으름과 성격

게으름은 크게 보면 세 가지 성격 유형에서 두드러지는 듯하다. 완벽주의적 성격 유형, 수동공격적 성격 유형, 과도한 낙관주의적

hyper-optimistic 성격 유형이 바로 그것이다.

1 | **완벽주의 유형** – "난 완벽해야 해!"

스스로 게으르다고 생각하는 사람들에게서 가장 많이 볼 수 있는 유형이다. 자신이 게으르다고 자책하는 사람들의 대다수는 완벽주의적 성향을 가지고 있다. 물론 완벽주의적 성향이 안 좋은 것만은 아니다. 정도의 문제일 뿐.

사실 바람직한 '완벽'의 기준은 '과정process에서의 최선'에 있다. 그러나 게으른 완벽주의자들에게 '완벽'은 '흠 잡을 데라고는 없는 완벽한 상태state', 즉 무결점의 상태를 의미한다. 이들은 최상의 선택, 최상의 노력, 최상의 결과를 한꺼번에 추구하기에 삶이 괴롭다. 이들이 지향하는 것은 '실수 없는 깔끔한 성공'이다. 그렇기에 하고 싶은 무언가를 앞에 두고도 그 가능성보다 위험성을 먼저 본다. 이들은 '내가 잘할 수 있을까?'를 고민할 뿐 '어떻게 하면 잘해낼 수 있을까?'를 고민하지 않는다.

이들은 왜 이렇게 실수나 결점을 두려워할까? 그것은 이들 중 다수가 성취지향적인 부모 아래에서 자라나 존재 자체로서 사랑받지 못했기 때문이다. 이들은 자신이 '결함'이 있기 때문에 사랑받지 못했고, 변함 없는 사랑을 받으려면 완벽해야 한다는 무의식적 믿음을 갖고 있다. 그래서 이들의 마음속에는 영웅적인 노력을 기울여 성공해야 하는 최상의 시나리오와, 실패하면 모든 것을 잃게 되는 최악의 시나리오 두 가지밖에 없다. 이들은 이 두 가지 관점에서만 상황을 바라볼 뿐 그 사이에 놓여 있는 여러 가지 가능성들은 미처 보지 못한다. 그렇기에 이들의 선택은 '실수 없이 완벽하게 하는 것'과 '차라리 안 하는 것' 둘 중 하나일 수밖에 없다.

실수를 통해 배우고 성장한다는 것을 이들은 상상조차 못한다. 결국 이러한 극단적 사고는 선택을 회피하게 만들고, '있는 것이라도 지키자!'는 안주의 길로 몰아간다. 그래서 이들의 삶에는 높은 목표만 있고 도전은 없다. 끝없는 준비만 계속될 뿐이다. 이들은 '다음에'라는 달력에도 없는 날로 실천을 미루며 의미 없는 하루를 반복해서 살아간다.

이들은 어렵게 선택을 내린 다음에도 준비에 에너지와 시간을 쏟아 붓느라 본격적인 진행이 더디다. 이들은 늘 '제대로 하고 있는 것일까?' 하는 강박적 질문에서 벗어나지 못하고 끝없이 준비에 매달린다. 결국 시작도 하기 전에 제풀에 지쳐버리기 쉽다. 그렇기에 이들의 현실은 늘 불만족스럽다. 사실 완벽주의와 회의주의는 일맥상통한다. 대부분의 완벽주의자는 동시에 회의주의자이다. 결함이 있기 때문에 완벽해져야 하지만, 반대로 결함이 있기 때문에 완벽에 대한 도전은 실패할 수밖에 없다는 인식의 모순에서 벗어나지 못한다.

이를테면 이들은 '내가 할 줄 몰라서 도전하지 않는 게 아냐. 그런 도전이 의미가 없기 때문에 안 하는 거야!'라며 스스로를 위안한다. 이러한 게으른 완벽주의자들은 갈수록 급증하고 있다. 사회가 성취지향적으로 변하고 획일적 성공에 휩싸여 있기 때문이다.

하지만 성공과 발전은 늘 실수를 통해 얻어지는 법이다. 인류사의 획기적인 발견이나 아이디어는 우연이나 실수에서 나온 것이 태반이다. 아메리카 대륙의 발견, 나일론의 발명, 페니실린의 발견, 고무 가공법의 발견, 3M의 포스트-잇 등은 모두 실수에서 나온 결과물이다. 제약업계에는 특히 부작용을 역이용하여 개발한 약물들이 많다. 발기부전 치료제로 잘 알려진 비아그라는 협심증 치료제를 개발하다가 나타난 부작용으로 인해 탄생했고, 발모치료제로 유명한 프로페시아 역시 전립선 비대증 치료제로 사용하던 약물의 부작용을 이용하여 개발된 것이다. 이렇듯 실수를 통해 성공한 예는 말할 것도 없고 실수 자체가 성공이 된 예도 허다하다.

물론 중요한 것은 '실수를 했다는 것' 자체가 아니라 '실수를 통해 적극적으로 배우려 했다는 점'이다. 실수가 성공의 밑거름이 되기 위해선 실수를 실수로 그냥 흘려보내지 않는 자세와 환경이 중요하다. 실수를 통해 배울 수 있다는 적극적인 태도야말로 실수를 '위대한 실수'로 만들어주기 때문이다. '실수를 했다는 것' 자체가 자랑일 수는 없겠지만 '실수를 통해 배우려는 자세'로 도전해 나갈 때 우리의 삶은 빛이 나고 실수는 '성공'으로 거듭날 것이다. 만일 당신이 완벽주의 유형이라면 영화 〈여인의 향기〉에 나오는 대사를 음미해보는 것이 좋겠다. "탱고를 추는 것을 두려워할 필요는 없어요. 인생과는 달리 탱고에는 실수가 없거든요. 실수를 해서 발이 엉키면, 그게 바로 탱고랍니다."

2 | 수동공격 유형 – "내가 누구 좋으라고 해!"

29쪽에 소개된 대학생 L군의 경우도 이 유형에 가깝지만, 이해를 돕기 위해 새로운 사례를 소개하고자 한다. 스스로 인정하는 경우는 드물지만 우리 주변에서 이런 사람들을 발견하는 것은 그리 어렵지 않다.

사례
남, 25세
대학생 S군

25세의 S군은 벌써 5년째 대학을 다니고 있다. 군대는 미룰 수 있을 때까지 미뤄놓았고 학교는 휴학을 거듭해서 더 이상 쉴 수도 없는 상황이다. 기업의 임원인 아버지는 아들 생각만 하면 애가 타고 화가 난다. 도대체 젊은 녀석이 꿈이라고는 없고 매사를 부정적으로만 보기 때문이다. 무엇 하나 부족한 것 없이 키워줬는데 도대체 뭐가 불만인지 모르겠다.

갖은 고생 끝에 자수성가한 아버지 입장에서 보면 S군은 도대체 정신상태가 틀려먹었다. 툭하면 술 마시고 새벽에 들어오고 집에서는 헤비메탈 음악을 시끄럽게 틀어놓기 일쑤다. 어머니가 깨워줘야 겨우 일어나 점심때나 학교에 나간다. 잔소리를 하는 것도 한두 번이지 이제는 역효과만 나타난다. 야단을 치면 묵묵부답이다. 그렇다고 달려들지는 않는다. 처음에는 아무 말을 하지 않기에 속으로 반성을 하나 싶었지만 도무지 달라지는 것이라고는 없다. 아니, 점점 더하는 것 같다. 아버지는 이제 아예 벽을 보고 이야기하는 느낌이다.

S군의 이야기는 이렇다. "하고 싶은 것이 없어요. 어떻게 살아야 할지도 모르겠구요. 그냥 어려서부터 부모님이 사사건건 '이거 해라, 저거 해라' 하셨어요. 저는 시키는 대로 살아왔구요. 부모 말만 들으면 손해 볼 것 없다는 식이었죠. 그러다보니 내가 원하는 게 뭔지 모르겠어요. 고등학교 때까지는 어떻게 버텼는데 대학에 가니까 더 이상 나를 추스를 수가 없더라구요. 대학에 온 것도, 학과를 선택한 것도 다 내가 원해서 한 일이 아니었어요. 하지만 더 답답한 건 내가 정말 원하는 게 뭔지 모르겠다는 거예요. 왜 사는지 모르겠어요. 나를 좀 있는 그대로 놔두고 존중해줬더라면 내가 이렇게까지 되었을까 싶어요. 내 인생 내가 사는 건데 난 할 수 있는 게 없어요. 부모님이 원망스러워요. 당신도 꿈이 없으면서 항상 당신이 못다 이룬 인생의 목표만을 이야기하며 '이래라 저래라' 하는 아버지가 싫어요. 엄마도 싫어요. 꼭두각시처럼 옆에서 아버지가 시키는 대로만 따라하는 엄마도 똑같아요. 그래서 매번 부모님이 뭐라고 하면 건성으로 들어요. 말로만 알겠다고 하는 거죠. 왜 하라는 대로 안 하냐고 부모님이 꾸중하시면 속에서 이런 말이 치받고 올라와요. '내가 누구 좋으라고 해!'라고 말이에요."

사례 속 S군과 같은 이들의 게으름은 사실 '당신이 시키는 것은 하기 싫어!'라는 뜻이다. 그것을 말로 표현하는 대신 늑장을 부리거나 딴짓을 함으로써 상대의 속을 태우며 긁어놓는 것이다. 그래서 능동적 공격이 아닌 '수동공격passive-aggressive'이라는 표현을 쓴다. 즉, 게으름은 이들의 분노 표현인 것이다.

　　이 유형은 마치 엄마한테 화가 나면 배가 고파도 밥을 먹지 않으려 하는 아이의 행동과 다를 바 없다. 밥을 안 먹는 것이 엄마를 효과적으로 공격하는 방법임을 아이는 알고 있다. 자신을 고통이나 불행에 빠뜨림으로써 상대를 더 고통스럽게 만드는 방법이다. 직장에서도 이러한 관계는 흔히 볼 수 있다. 자신이 받을 불이익 때문에 상사에 대한 불만을 표현하지 못하고 대신 상사와 관련된 일을 의도적으로 망치거나 대충대충 함으로써 그 분노를 간접적으로 표현하는 것이다.

　　이들은 사람을 믿지 않는다. 오히려 사람들이 자신을 통제하고 이용하려 한다고 믿는 경향이 있다. 마음을 잘 열지 않고, 자신이 이해받지 못한다고 생각하며, 사람들과 깊은 관계를 형성하는 데 어려움을 보인다. 이들은 자신의 감정을 잘 받아주지 못하는 부모 아래서 자라나 마음에 분노가 가득하지만, 이를 어떻게 풀어야 하는지 제대로 배워본 적이 없다. 이들은 그 해결되지 않는 분노로 인해 꾸물거리고, 잊어버리고, 불평불만을 많이 하고, 비능률적으로 행동한다. 그 모습을 보고 누군가 "화났어요?"라고 물어보면 이들은 한결같이 "아니오"라고 답한다. 분명히 얼굴에 불만이 가득한데도 말이다.

3 | 과도한 낙관주의 성격 유형 - "웬 걱정? 때가 되면 잘될 거야!"

이들은 게으름을 피우면서도 무사태평한 유형이다. 앞의 두 가지 성격 유형은 게으름을 피우면서 불안이나 분노에 가득 차 있는 반면, 이들은 놀랄 정도로 평정심을 유지한다. 남들은 다 긴장하고 걱정하는 현실적인 과제가 다가와도 이들은 여유만만이다.

예를 들어 시험기간에 친구들이 도서관에 갈 때 이들은 영화를 보러 가는 식이다. 당연한 걱정이나 긴장마저도 '걱정도 팔자!'라는 식으로 폄하한다. 이들은 과제에 소요되는 시간과 노력을 평가하는 데 현실적이지 못하다. 지나친 자신감을 갖고 있기에 자신의 능력에 대하여 실제보다 후한 점수를 준다. 그리고 마음속으로는 행운이 자신과 함께할 거라는 주문을 외우며 마치 세상이 자신을 중심으로 돌아가는 것처럼 행동한다. 그렇기에 이들은 늘 방심하며 할 일을 미루는 데 능숙하다. 심지어는 게으름을 피운 대가가 눈앞의 현실로 닥쳐도 특유의 낙관성으로 현실을 무시해버린다. '다 때가 되면 이루어지게 돼 있어. 조금만 기다려봐! 내가 말한 것처럼 될 테니까' 하는 식의 낙관적 태도로 일관하며 일에 대한 계획을 세우는 것조차 싫어한다.

심리학자인 카네만Kahneman과 트베르스키Tversky는 과도한 자신감이 이 같은 문제를 초래하며, 그래서 이런 사람들은 수시로 '계획 오류planning fallacy'에 빠진다고 지적했다. 물론 이 유형의 사람들도 사람인지라 마음 깊은 곳에는 두려움이 남아 있다. 하지만 타인은 물론 자기 자신에게조차 이 두려움을 내보이려 하지 않는다. 그들은 현실을 달관한 것이 아니라 현실을 착각할 뿐이다.

실제 이러한 태도가 현실에서 어떠한 문제를 일으키는지 그 생생한 예를 하나 들어보자. 베트남 전쟁이 한창일 때 미군 장교 짐 스톡데일Jim Stockdale은 포로로 잡혀 8년간 수용소에 갇히는 신세가 되었다. 전쟁이 언제 끝날지, 살아서 가족을 만날 수 있을지 전혀 알 수 없는 상황에서 그의 포로 생활은 계속되었다. 그는 결국 최후까지 살아남아 증언을 했는데, 중간에 죽어간 포로들의 특성에 대해 이렇게 이야기했다. "낙관주의자들이 견디지 못했습니다. '크리스마스에는 나갈 거야'라고 말하던 사람들 말입니다. 크리스마스가 지나가면 이번에는 '부활절에는 나갈 거야'라고 말합니다. 그리고 다음에는 추수감사절, 그리고 다시 크리스마스를 고대합니다. 그러다가 상심해서 죽지요."

전 사회적으로 행복과 자기계발이 중시되면서 긍정적 사고와 낙관적 태도가 강조되고 있다. 그 결과 모든 부정적 감정과 사고를 척결해야 하는 것처럼 과장되기도 한다. 하지만 불신과 회의는 척결해야 할 대상이 아니다. 낙관성의 바탕 위에 불신과 회의가 더해질 때 비로소 창조적 변화가 이루어지기 때문이다. 긍정과 부정의 두 세계를 아우르는 사람만이 복잡한 삶을 헤쳐 나갈 힘을 가질 수 있는 법이다. 그러므로 현실적 판단을 흐리게 할 정도로 과잉된 낙관주의는 경계해야 한다. 우리에게 필요한 것은 현실적 낙관주의이자 실천적 낙관주의임을 잊지 말자.

● ●• 과거라는 함정

이미 많이 알려진 이야기인데, 서커스단의 코끼리는 실제로 말뚝을 쓰러뜨릴 힘을 가지고 있는데도 도망가지 않는다고 한다. 어린 시절부터 말뚝에 매여 자랐기 때문에 자란 다음에도 도망칠 힘을 가지고 있다는 생각을 못하는 것이다. 심리학자인 마틴 샐리그먼은 이를 '학습된 무력감learned helplessness' 이라는 용어로 소개했다. 그에 의하면, 동물들은 감당할 수 없는 충격에 노출되었을 때 무력감을 배운다고 한다.

여기서 중요한 점은 무력감의 지속적 학습 효과이다. 즉, 동물들이 무력감을 한번 배우고 나면 이후로는 피할 수 있는 작은 충격을 받아도 수동적으로 가만히 있더라는 것이다. 조금만 움직이면 피할 수 있는데 그 최소한의 노력마저 포기해버리는 것이다. 그런데 과연 이러한 학습효과는 동물에게만 일어나는 것일까?

셀리그먼은 이러한 '학습된 무력감'이 사람에게도 똑같이 적용된다고 보았다. 예를 들어 우리 주위에는 자신을 사랑해줄 사람은 아무도 없을 거라며 세상과 담을 쌓는 사람들이 있다. 이들이 느끼는 사랑받을 수 없다는 무력감은, 어린 시절에 적절한 사랑과 관심을 받지 못했기에 형성된 것이다. 그리고 미디어를 통해 여러 차례 소개된 현대판 노예생활을 하는 사람들도 비슷한 예라고 할 수 있다. 이들은 대개 어릴 때부터 누군가의 집에서 노예 아닌 노예생활을 하게 된 사람들이다. 그렇기에 정작 주인행세를 하는 사람보다 힘이 세진 다음에도 여전히 그 생활에서 벗어나지 못하고 자발적인 노예생활을 자처하게 되는 것이다. 폭력남편에게서 벗어나지 못하는 여성이나, 한 번 맞고 나서 계속 돈을 상납하는 학교폭력 피해학생의 경우도 유사한 심리를 갖고 있다고 볼 수 있다.

이러한 무력감은 물리적인 힘 앞에 굴복하는 것만을 의미하지 않는다. 우리들은 과거의 어느 시기에 큰 실패나 반복적인 실패를 경험하게 되면 이후로는 실패의 두려움에 갇혀 작은 시도조차 하기 힘들어한다. 그러다보면 충분히 해낼 수 있는 도전도 영영 못하고 만다. 그런데 우리가 실패라고 생각했던 그 경험들이 과연 객관적인 실패라고 할 수 있을까?

실제 상담을 통해 과거의 실패 경험을 들어보면 물론 합당한 실패도 있지만 공정치 못한 실패도 많다. 어떤 이는 수백 대 일의 경쟁을 뚫고 문학상을 받지 못했다는 이유로 글쓰기 능력이 없다고 생각하고, 어떤 이는 태풍에 의한 과수피해로 빚을 진 것까지 자신의 실패로 생각한다. 어떤 이는 구체적인 잘못이나 실패조차 없는데도 부모의 학대로 인해 자신은 아무것도 할 수 없는 쓸모 없는 인간이라고 느끼기도 한다.

많은 사람들이 자신이 책임져야 할 잘못과 상대가 책임져야 할 잘못을 구분하지 못하고 있음은 안타까운 일이다. 물론 객관적으로 봤을 때 자신의 잘못으로 인한 실패의 경험도 있기 마련이다. 그러나 그 경우에도 자신의 무능함보다는 노력의 부족 때문인 경우가 허다하다. 결국 게으른 사람들은 과거의 경험을 통해 '학습된 무력감'을 가지고 있는 경우가 많다. '또 해본들 무슨 소용이겠어! 어차피 안 될 텐데……'라는 무력감에 갇혀 있는 것이다. 그렇기에 게으른 사람들은 자신의 거의 모든 에너지를 현상유지에 쏟고 만다.

이렇게 게으른 사람들이 '학습된 무력감'을 가지고 있는 데 반해 정반대의 학습효과를 익힌 사람들도 있다. 이들은 생의 초기에 긍정적인 성취경험을 여러 차례 경험한 덕에 '학습된 도전의식learned defiantness'을 갖고 있다. 물론 이러한 정신이 모두 학습의 효과라고 보기는 어렵고 기질적 특성도 작용한다. 그렇다 하더라도 도전적인 사람들은 세상이 자신의 무대라는 믿음을 경험적으로 가지고 있다. 그렇기에 그들은 실패의 위험성보다는 성공의 가능성을 먼저 본다. 그리고 설사 도전이 실패로 이어지더라도 전략과 방법을 수정하여 재시도를 함으로써 성공에 이르는 경우가 많다. 이것은 무엇과도 바꿀 수 없는 정신적 자산이 된다. 결국 돈이 돈을 낳는다는 말처럼 긍정적인 경험이 또 다른 긍정적 경험을 연쇄적으로 불러오기 때문이다.

우리는 아무리 부정해도 유년시절의 경험에서 결코 자유로울 수 없다. 강렬한 경험일수록 뇌 안에 흔적을 남기기 때문이다. 그 흔적은 삶에서 유사한 자극이 주어지면 여지없이 작동하여 그 사람의 반응을 좌우한다. 그렇기 때문에 아이들은 격려와 지지 속에 자라나야 한다. 아이의 긍정적 정서는 탐구와 도전으로 이어지며, 이를 통해 아이는 자신의 능력과 강점을 계발한다. 이는 다시 긍정적 감정과 사고로 이어지면서 '긍정의 물레방아Positive Water Mill'를 만들어 낸다. 긍정적인 에너지가 계속 물레방아를 타고 순환하면 그 물레방아는 삶의 에너지 발전소가 된다. 이는 아이가 앞으로 닥칠 험난한 시련에 맞설 수 있는 힘의 근원이 된다.

부모가 아이들에게 해주어야 할 일은 많다. 그 중에 빠뜨려서는 안 될 것이 있으니, 그것은 어떤 분야의 어떤 일이 되었든지 간에 아이에게 '긍정적 성취경험'을 맛보게 해주는 것이다. 특히 자신감이 없고 도전적이지 못했던 부모라면 더더욱 아이에게 이를 배려해 주어야 한다.

●●· 게으름을 만들어내는 환경

사람을 둘러싼 환경은 그 사람의 정신에 지대한 영향을 미친다. 우리의 정신에너지는 한 개인 안에 머무르는 폐쇄적 구조가 아니라, 관계와 사회를 통해 순환하는 반*개방적 구조에서 움직이기 때문이다.

부정적 에너지가 강한 환경이라면 개인의 정신에너지가 긍정적이라도 금세 부정적 에너지의 영향을 받을 수밖에 없다. 물론 긍정적 정신에너지가 강하다면 오히려 환경의 부정적 에너지를 변화시킬 수도 있다. 그러한 사람들이야말로 진정한 위인이며 지도자이다. 그렇기에 리더란 긍정적 에너지를 나누어줄 수 있는 사람이며, 리더십의 핵심은 에너지, 즉 영향력의 전파에 있다.

일반적으로 살펴보면 게으름 역시 상당 부분 게으름을 유발하는 환경에서 온다. 게으름을 유발하는 환경이란 가족, 학교, 직장, 국가가 개인에게 자발성과 동기를 부여해주지 못하는 상황을 말한다. 이는 다시 두 가지로 나뉘는데, 하나는 방임형 환경이고 다른 하나는 통제형 환경이다.

방임형 환경은 개인의 요구를 허용하기만 할 뿐 특정한 방향으로 통합하거나 공동의 목표를 향해 이끌지 못해 무질서하다. 반대로 통제형 환경은 개인의 요구는 무시한 채 집단적 목표를 위해 지시와 통제로 개인을 끌고 간다. 방임형은 에너지가 무질서해지기 쉽고, 통제형은 에너지가 순환되지 않아 갇혀 있기 쉽다. 두 가지 환경 모두 게으름을 촉발시킨다.

방임형의 경우에는 경계와 룰이 없기에 노력에 대한 보상이 제대로 이루어질 수 없고, 따라서 게으름이 생겨난다. 예를 들어 아이가 공부를 잘하든 못하든 부모가 관심을 갖지 않는다면 그 아이는 게을러지기 쉽다. 또 집값과 땅값이 천정부지로 치솟아 많은 사람들이 허탈감에 빠져 있는 사회 역시 게으름이 나타나기 쉬운 환경이다. 통제형의 경우도 마찬가지이다. 다만 통제형의 경우에는 공개적 게으름이 아닌 수동적이고 위장된 게으름이 나타나기 쉽다. 즉, 열심히 하는 척은 하는데 실은 시늉만 낼 뿐 대충대충 하는 식이 된다.

이제 선진기업들은 사람이 가장 중요한 생산력의 원천이며, 그중에서도 창의성이 핵심 자원임을 알고 있다. 그리고 이러한 무형 자원은 지시와 통제, 그리고 계획보다는 여유와 휴식에서 나온다는 것도 잘 알고 있다. 그래서 21세기 기업은 노조의 투쟁에 의해서가 아니라 스스로의 요구에 의해 직원들의 삶의 질을 배려한다. 사내 문화에서 여유가 싹트고, 직원들이 일과 삶의 균형을 도모하며, 직원 가족들도 더불어 행복할 수 있게끔 노력하는 것이다.

기업들의 사내 문화가 획일적 통제에서 벗어나고 있음은 더 이상 새삼스러울 것도 없다. 《포춘》지 선정 '2006년 가장 일하고 싶은 기업'으로 뽑힌 미국의 생명공학 회사 '지넨테크Genentech'는 자유 복장, 사내 파티, 음식 제공 등 놀기 좋은 사내 문화가 빠른 성장의 주 요인으로 분석되고 있다. 또한 '3M'과 '구글Google'은 근무 시간의 15∼20퍼센트를 업무와 상관 없는 개인 시간으로 할애하고 있으며, '애플'은 히피 같은 자유로운 기업 문화로 유명하다. 이렇게 선진적인 기업들은 일과 놀이의 구분을 모호하게 만들며 회사를 점점 더 창조적 공간으로 변화시켜가고 있다.

Tip 우리 아이는 왜 이렇게 게으를까요?

부모들의 눈에는 종종 아이들이 게으르게 보인다. 늘 분주하지만 스스로 무언가를 알아서 하는 경우는 좀처럼 보기 힘들기 때문이다. 쉽게 말하면 '자율성autonomy'이 부족한 것이다. 그렇다면 자율성은 어떻게 생겨나는 것일까? 자율성은 자유와 질서가 균형 있게 조화를 이룰 때 피어난다. 하지만 그 균형은 아이의 성장에 따라 점차 자유 쪽으로 옮겨가야 한다. 교육의 목표는 궁극적으로 '독립'에 있기 때문이다.

종종 이런 호소를 하는 부모들이 있다. "엄마 아빠는 머리도 좋고 정말 부지런한데 아이는 왜 이렇게 게으르고 공부를 안 하는지 모르겠어요?" 부모로서는 이해가 안 될 수도 있다. 그러나 조금만 들여다보면 부모의 통제 속에서 아이가 얼마나 숨 막혀 하는지 알 수 있다. 아이들은 자율성을 침해하는 부모에 대한 분노의 감정을 부모의 지시에 반하는 행동, 즉 게으름으로 표현한다는 것을 알아야 한다.

사실 통제형 가정에서 자라나는 대부분의 아이들은 얼핏 부지런해 보인다. 하지만 자세히 들여다보면 부지런한 척하는 게으름인 경우가 많다. 학원을 여러 개 다니고 있다 해서 게으르지 않은 아이일까?

반대로 방임적인 가정에서도 게으른 아이가 나오기 쉽다. 방임형 가정을 보면 공부하는 것과 노는 것의 경계가 불분명한 경우가 많다. 부모가 기분에 따라 아이의 요구를 들어주느라 뚜렷한 질서가 없는 것이다. 이 경우 부모가 자녀에게 바라는 것 또한 대부분 막연하다. 그냥 탈 없이 자라기만을 바라는가 하면, 또 어떤 부모들은 "나처럼 살지만 말아라!"라고 말한다. 아이 역시 자신이 해야 할 일과 하지 말아야 할 일에 대해 명확하게 알지 못하고, 자신의 미래에 대해 신시하게 생각하지 않는다.

사실 부모가 자녀의 삶에 어느 부분까지 개입할 것인가는 논란의 여지가 많다. 나는 부모가 삶의 목표를 대신 만들어줄 필요는 없지만 '지향성을 간직한 삶'이 되도록 교육할 책임은 있다고 본다. 그러므로 "너는 나처럼 살지 말아라!"라는 말은 아이에게 할 이야기가 아니라 부모 자신에게 되돌려주어야 할 말이다. 부모가 아이를 가르치는 가장 큰 수단은 바로 '부모 자신'이

되어야 한다. 아이가 게으르다면 우선적으로 부모가 그 모델링의 대상이 되지는 않았는지 살펴보고, 자녀교육을 돌아보아야 한다. 먼저 부모가 바뀌어야 아이도 게으름에서 벗어날 수 있다.

●●• 뇌와 게으름

우리의 뇌에는 한 신경세포로부터 다른 신경세포로 신호를 전달하는 신경전달 물질neurotransmitter들이 있다. 이 신경전달 물질이 일정한 수준으로 유지되어야 정상적인 정신활동이 이루어지는데, 만약 불균형해질 경우 여러 증상을 초래한다. 우리 뇌의 대표적 신경전달 물질로는 세로토닌serotonin과 도파민dopamine이 있다.

세로토닌은 슬픔, 안정과 관련 있고 도파민은 기쁨, 동기 등과 관련 있다. 간단히 말해, 우리가 평화로움을 느낀다면 세로토닌의 분비가 많아짐을 의미하고, 쾌락을 느낀다면 도파민의 분비가 많아짐을 의미한다. 한편 우리가 스트레스를 받거나 흥분하고 있다면 노르아드레날린noradrenaline이나 코르티솔cortisol 같은 물질의 분비가 많아진다.

게으름과 관련해 살펴볼 수 있는 신경전달 물질은 동기, 쾌락과 관련된 도파민이다. 흔히 중독을 유발하는 물질, 즉 술이나 마약을 복용할 경우 뇌 속에 도파민 분비가 늘어나 쾌락을 느낀다. 그렇다면 이런 약물에 의지하지 않고 어떻게 일상에서 기쁨을 얻을 수 있을까?

인간은 사랑할 때, 칭찬이나 인정을 받을 때, 성취감을 느낄 때 도파민 분비량이 증가한다. 바로 여기에 게으름의 원인이 있다. 가만히 살펴보자. 이러한 내적 기쁨을 얻기가 쉬운가? 물론 사람에 따라 답이 다르겠지만, 현실적으로 쉽지 않다. 내적 기쁨을 얻기 위해서는 '노력'과 '시간'이 필요하며, 그 노력과 기다림이 반드시 기쁨의 보상으로 이어지는 것도 아니다. 사랑은 다툼이나 이별로 이어지기 쉽고, 칭찬과 성취를 위한 노력은 비난이나 실패로 끝나기 쉽다. 그리고 기쁨의 보상이 주어지기까지 그 기간을 예상하기 힘들 뿐더러 대부분 길다. 그렇기에 진정한 기쁨을 얻으려면 우리는 일정한 어려움과 불확실함, 고통을 참아내야 한다. 역경을 극복하고 삶을 전진시킨 사람이나 고통을 견뎌내고 마라톤을 완주해본 사람은 안다. '진정한 기쁨'을 얻기 위해서는 불편함이나 고통 같은 장애물이 필요하다는 것을! 하지만 많은 사람들은 고통 없는 기쁨을 얻으려고 한다. 즉각적 쾌락을 추구하는 것이다.

어린아이들의 경우를 보자. 아이들은 더 큰 기쁨을 위해 지금 당장의 작은 기쁨을 미루기가 쉽지 않다. 즉각적인 만족과 눈앞의 이익을 추구하기 마련이다. 지금의 사탕 한 개를 내일의 사탕 한 봉지와 바꾸려고 하지 않는다. 그러나 아이들은 자라면서 '더 나은 내일'을 위해 '오늘의 불편함'을 견디는 법을 배워나간다. 스스로를 통제하고 미래를 위해 투자하는 것을 배운다. 그것은 발달과 성장의 중요한 단면이다. 그리고 이 같은 발달과 성숙을 위해서는 '오늘 불편함을 참으니까 다음 날 더 좋은 보상이 주어지는구나!' 하는 구체적 깨달음이 필요하다. 즉, 노력에 따른 긍정적 성취 경험이 없다면 우리는 내일을 위해 오늘의 불편함을 참지 않는다.

그런데 안타깝게도 이것은 아이들의 이야기만은 아니다. 성인들도 삶에 재미가 없으면, 즉 사랑이나 인정이나 성취를 얻지 못하면 어린아이와 같이 '즉각적인 만족'과 '눈앞의 이익'을 추구하게 된다. 그 대표적인 행위가 중독이다. 중독은 행위를 하는 바로 그 순간 즉각적인 쾌락을 안겨준다. 그런 쉬운 방법이 있는데 누가 힘들게 고생하고 위험을 무릅쓰면서 노력할 것인가? 그렇기에 인간은 삶에 재미를 잃는 순간, 도전과 발전을 포기하고 게을러지기 쉽다. 그런 점에서 보면 게으름이란 곧 '즉각적 만족과 눈앞의 이익을 추구하는 것'이라고도 할 수 있다.

하지만 우리의 뇌는 같은 자극에 대하여 싫증을 잘 느낀다. 그래서 우리는 새로움을 추구한다. 도파민은 확실한 보상이 주어지는 것에 대해서는 점차 분비되지 않는다. 중독 행위가 즉각적인 쾌락을 주긴 하지만 이는 시간이 지날수록 시들해진다. 결국 같은 정도

의 기쁨을 얻기 위해서 더 강한 자극을 추구하게 되고 더 깊은 중독
으로 빠져든다.

우리 주위에는 안정된 현실 대신 불확실한 미래를 선택하는 사람
이 많다. 안정적인 생활을 뒤로하고 새로운 일에 도전하는 사람들.
그들은 즉각적인 쾌락이 아닌 도전과 노력을 통한 진한 희열을 추
구하는 사람들이다. 그들에게 기쁨은 성공 후에 찾아오는 것이 아
니다. 도파민은 목표를 향해 나아가는 과정에서, 아니 도전을 꿈꾸
는 순간부터 분비된다. 새로운 자극이란 새로운 보상만을 일컫는
것이 아니라 새로운 생각, 새로운 시도를 모두 포함하는 것이기 때
문이다.

●●• 정신에너지와 게으름

게으름은 단적으로 말해 에너지가 저하된 상태이다. 사람들은 왜
결심을 하고 지키지 못할까? 여러 가지 답이 있겠지만 결국 힘이
없기 때문이다. 변화하고 도전할 에너지가 부족하기 때문에 앞으로
나아가지 못하는 것이다. 냉정하게 말하면, 힘 없는 사람들은 결코
변화할 수 없다. 변화는 힘 있는 자들의 것이다.

모든 자연만물이 그런 것처럼 에너지가 없으면 우리는 움직일 수
없다. 사람이나 동물을 움직이게 하는 힘은 음식물에서 나온다. 하

지만 인간의 경우, 단순한 '움직임'이 아닌 '목적 활동'은 정신에서 비롯된다고 할 수 있다. 그런 의미에서 우리의 정신은 일종의 에너지이다. 생각, 감정, 의지 등도 모두 에너지인 것이다. 그렇다면 지향성이 없는 게으름 역시 정신에너지의 문제라고 볼 수 있지 않을까? 게으름의 문제를 정신에너지의 문제로 바라보게 되면, 어떻게 게으름에서 벗어날 수 있을지에 대한 이해가 보다 명확해진다.

1 ㅣ 부정적 정신에너지가 강한 경우 (부정 에너지 충만형 게으름)

부정적 정신에너지는 부정적 사고, 부정적 감정, 부정적 기억이 주를 이룬다. 부정적 사건을 통해 이러한 에너지들이 결집되면 부정적 신념을 이루어 부정적 에너지가 한층 강해지는 것이다. 부정적 에너지가 강해지면 삶의 에너지가 약화될 수밖에 없다.

게으름을 유발하는 가장 큰 부정적 에너지는 '두려움'과 '무능감'이다. 이는 동전의 양면과도 같다. 무능하다고 느끼기 때문에 두려운 것이고 두렵기에 더 무능하다고 느껴지는 것이다. 이러한 부정적 에너지가 우리 마음을 차지하고 있으면 지향성과 능동성을 잃고 움츠러들고 피하고만 싶어진다. 즉, 게을러지는 것이다. 게으른 사람은 먼저 이 문제를 해결하지 않고는 앞으로 나아갈 수 없다.

2 | 에너지가 분산되어 있는 경우 (에너지 분산형 게으름)

삶에 에너지는 있지만 빛을 모으는 돋보기 같은 에너지 집광기가 없는 경우다. 초점과 방향성이 없기 때문에 에너지가 흩어져 있는 것이다. 삶에서 에너지를 모으는 초점이란 다름 아닌 비전과 목표다. 마음을 담은 지향성을 갖췄을 때 이는 단순히 흩어져 있는 에너지의 총합이 되는 것이 아니라 놀랄 만한 추가 에너지를 발생시킨다. 반대로 자신의 재능과 강점에 기초한 생의 목적과 비전을 찾지 못할 경우, 그 에너지는 잠재력으로만 존재할 뿐이다.

3 | 에너지가 제때 충전되지 않는 경우 (에너지 방전형 게으름)

이 경우는 에너지가 일방적으로 소모되기만 할 뿐 제때 충전되지 못해서 에너지가 방전된 상태를 말한다. 쉽게 말해 배터리가 고장난 경우라 볼 수 있다. 운전으로 비유하자면 중간에 휴게실에서 쉬고 연료도 보충해야 하는데, 바쁘다고 쉬지도 않고 연료도 안 넣은 채 달리다가 차가 멈춰서는 격이다. '일 중독'에 빠져 있는 사람들 중 일부에서 볼 수 있다. 이들은 할 때는 물불 가리지 않고 굉장히 열심히 하는데, 어떤 시기를 넘어버리거나 걸림돌에 부딪히면 그대로 뻗어버린다. 게으름이라는 잠수함을 타고 한동안 가라앉아버리는 것이다.

4 | 에너지의 효율이 떨어지는 경우 (에너지 비효율형 게으름)

이 경우는 삶에 지향성도 있고, 부정적인 에너지도 크지 않은데 자주 에너지 저하 상태에 빠진다. 이는 다시 두 가지로 나누어볼 수 있다. 첫째는, 에너지의 흐름을 방해하는 저항이 강한 경우이다. 즉, 자신의 재능과 강점을 살려 잘할 수 있는 것에 에너지를 쏟아야 하는데, 잘하지 못하는 것에 에너지를 쏟는 격이다. 실제 이런 사례는 정말 많다. 전공이나 직업을 선택할 때에도 이를 고려하지 못해 엉뚱한 곳에서 게으름에 빠져 있는 경우를 흔히 볼 수 있다. 둘째는, 방향은 맞는데 에너지를 공급하는 시스템과 방식이 너무 낡은 경우이다. 새로운 학습을 통해 지식과 기술을 더해야 하는데 과거의 익숙한 방식만을 고집하거나 혼자 단절됐기 때문이다. 이 경우 같은 시간과 노력을 투자해도 산출물이 적을 수밖에 없다.

Tip 게으름으로 오해받을 수 있는 질병

실제로 게으른 것이 아니라 신체적, 정신적 질환 때문에 게을러 보이는 경우도 있다. 이것은 본인도 모를 수 있다. 마음의 문제인지 신체의 문제인지 감별하기 어려울 수도 있고, 마음의 문제라 하더라도 특정 정신질환 때문인지 아닌지를 구분해야 하기 때문이다.

특히 안 그러던 사람이 특별한 이유 없이 활동이 줄고 게을러지는 것처럼 보인다면 전문가의 진단을 받아볼 필요가 있다. 게으름으로 오해받을 수 있는 몇 가지 신체질환과 정신질환을 소개한다.

1. 신체질환

게으름으로 오해받기 쉬운 신체질환은 일단 '피로감'을 주 증상으로 하며 신체적 활동이 감소하는 경우가 많다. 대표적 질환으로는, 우선 특별한 원인 없이 6개월 이상 극심한 피로감이 나타나는 만성피로 증후군, 전신성 동통과 피로감을 주 증상으로 하는 섬유 근통 증후군, 간 질환, 빈혈, 그리고 갑상선 이상과 같은 내분비계 질병 등이 있다.

2. 정신질환

정신질환으로 인한 현상임에도 불구하고 스스로 혹은 주위에서 그냥 게으름으로 여기고 넘어가는 경우가 많다. 이 경우, 적절한 치료를 받으면 다른 노력 없이도 게으름으로 보이는 증상들이 상당 부분 개선된다.

1) 우울증

게으름으로 오해받을 수 있는 가장 대표적인 정신질환이다. 우울증은 의욕과 에너지를 떨어뜨려 활동이 줄어들기 때문이다. 물론 게으름은 보다 만성적인 경향이 있고, 전형적인 우울증은 특정 시기에 나타나는 문제이지만, 꼭 그렇지 않은 우울증도 있기에 전문가의 진단이 필요하다.

2) 불안장애

사회적 상황의 노출을 두려워하는 사회공포증, 심각한 불안발작을 경험하는 공황장애, 늘 긴장과 걱정이 끊이지 않는 범 불안장애 등을 앓고 있는 경우도 활동이 줄어들고 대인관계를 기피하기 때문에 게으름으로 오해받을 수 있다.

3) 강박장애

강박장애도 불안장애에 속하지만 중요성 때문에 별도로 소개한다. 강박장애를 가진 사람은 얼핏 보기에는 엄격함이나 완벽주의적 성향으로 인해 게으름과는 거리가 먼 사람으로 보이기 쉽지만, 그 모습을 자세히 살펴보면 오히려 큰 게으름에 빠지기 쉬운 유형이다.

특히 강박장애 중에는 강박적 지연compulsive slowness이라는 유형이 있다. 강박적 지연의 경우 어떤 행동을 시작하기까지 아주 오랜 시간이 걸린다. 강박증을 가진 사람들은 반복적인 의례에 몰두하기 때문에 지연행동을 보이기 쉽다.

예를 들어 이들은 더럽지 않아도 씻는 행위에 강박적으로 매달린다. 어떤 이들은 매일 두세 시간씩 샤워를 하거나 화장을 하기도 한다. 대부분은 일상적 활동에 국한되는 경우가 많지만 때로는 일이나 공부와 관련된 행위 속에서 나타나기도 한다. 간단한 서류를 작성할 때도 서식, 철자, 편집 등에 신경을 쓰느라 많은 시간이 소요된다.

이러한 강박적 지연은 두려움과 불안에서 시작되지만 이 자체가 습관화되고 확상되다보면 불편한 느낌이 없는데도 강박적 행위에 몰입하게 된다. 강박적 지연이 심하면 결국 게으름에 빠지기 쉽다. 증상이 심한 경우 정신과적 치료가 필요하다.

4) 정신병

정신분열증의 초기 증상이나, 두드러진 정신병적 증상이 동반되지 않은 채 점차 사회적 활동이 줄어드는 단순형 정신분열증의 경우도 게으름으로 오해받기 쉽다.

●●● 현대사회와 게으름

게으름은 늘어나고 있을까, 줄어들고 있을까? 사실 이를 확인할 수 있는 구체적인 자료는 없다. 그러나 임상에서 보면 게으름과 직간접적으로 연관된 문제들이 늘어나고 있는데, 그 대표적인 경우가 중독이다.

내가 정신과 의사를 시작한 1990년대 중반만 하더라도 '중독' 하면 알코올, 마약, 도박 정도가 연상될 뿐이었다. 그러던 것이 지금은 섹스, 쇼핑, 인터넷, 게임, 성형, 주식, 학원 중독 등 그 종류를 일일이 다 언급할 수 없을 만큼 많아졌다. 중독자의 수가 워낙 늘어나다보니 이제는 통계가 실태를 따라잡지 못하는 실정이다. 모든 중독이 게으름 때문은 아니지만, 중독 문제는 우리 사회의 게으름에 대한 간접적 지표가 되지 않을까 싶다. 현대사회로 올수록 게으름의 문제가 자꾸 늘어나는 이유를 몇 가지 살펴보자.

1 │ 늘어나는 선택의 기회와 제한된 선택 능력

게으른 사람은 능동적 선택을 피해가려 하지만 삶은 본질적으로 선택일 수밖에 없다. 우리는 24시간 내내 선택을 한다. 물론 대부분의 일상적 활동들이 효율성을 위해 습관화되고 자동화되어 있다. 하지만 아침에 몇 시에 일어날지, 밥투정하는 아이에게 화를 낼지

타이를지, 회사에 나갈지 말지, 점심식사 후에 커피를 마실지 말지, 지하철에서 내려 집으로 갈 때 어떤 길을 택할지 등, 습관화된 일들 역시 그 선택권은 우리에게 있다.

이처럼 많은 활동을 습관화, 자동화했음에도 불구하고 현대인들은 늘 더 많은 선택의 상황에 처한다. 그것은 갈수록 정보가 많아지고, 선택의 가짓수가 늘어나고, 선택의 권한이 많아지기 때문이다. 사회의 개인화가 진행되고 기술적 진보가 빨라지면서 이제 선택의 기회와 권한은 기하급수적으로 늘어나고 있다.

아이스크림을 하나 고르더라도 예전에는 몇 가지 중에서 고르면 그만이었지만 이제는 아이스크림의 브랜드, 맛, 크기 등 많은 것을 결정해야 한다. 그것은 즐거움이면서 동시에 괴로움이다. 누군가에게는 '골라 먹는 재미'가 어떤 이에게는 '골라서 먹어야 하는 스트레스'가 될 수도 있는 것이다.

선택의 기회가 많다는 말은 곧 하나를 선택하면 다른 기회가 주는 보상은 포기해야 한다는 뜻이기에 그만큼 후회할 가능성도 높아진다. 우리는 결국 최상의 선택을 하려고 애쓰지만 그럴수록 선택은 미루어질 수밖에 없다. 보다 많은 대안과 정보를 찾아보아야 하기 때문이다.

만일 고민 끝에 어느 하나를 택했다고 치자. 과연 선택의 가짓수가 적었을 때보다 결과에 더 만족할까? 직접적인 비교는 어렵지만 선택의 가짓수가 많을수록 만족은 줄고 후회는 늘 확률이 크다. 그리고 이러한 후회는 선택의 다음 과정인 실행을 가로막는 걸림돌이 되고 만다. 선택을 최선의 결과로 만들기 위해 필요한 에너지가 아쉬움과 후회에 갇혀 빠져나오지 못하기 때문이다. 그것이 바로 게으름이다.

2 ㅣ 다양성이 피어나지 못하는 사회

현대사회로 들어오면서 게으름이 늘어나고 있는 이유는 사회경제적 환경의 변화와 정신문화의 변화 사이에 속도 격차가 커지고 있기 때문으로 보인다. 미국의 사회학자 W. F. 오그번은 이를 '문화지체cultural lag'라고 표현했다. 그는 물질문화는 급속히 바뀌는 데 비해 비물질문화는 완만하게 바뀌기 때문에 여러 사회적 부조화가 나타난다고 보았다.

실제 우리나라를 보면 사회적 토대가 지식기반의 창조경제로 빠르게 이동하면서 개인의 역할과 자유에 대한 요구는 높아지지만, 정신문화는 산업사회의 모델에서 느리게 이동하고 있음을 알 수 있다. 우리의 정신이 사회적 변화를 따라가지 못하고 있는 것이다. 이러한 속도 격차는 특히 가정과 학교에서 두드러지고 있다. 20세기의 부모와 교사가 21세기의 아이들을 가르치고 있다는 비판에서 우리가 자유로울 수 있을까? 창의적 인재양성이라는 시대적 요구에도 불구하고 아이들은 저마다의 재능과 강점을 살리는 교육을 아직 받지 못하고 있다. 물론 어른들의 경우도 마찬가지이다. 변화를 따라잡지 못하고 있다는 정신적 위기감 속에서 획일적 성공모델을 추종하는 데 급급할 뿐이다. 나는 그 부조화 현상 중의 하나가 게으름이라고 생각한다.

3 | 속도 중독과 변화강박증

사회의 속도가 빨라지면 게으른 사람들은 늘어날까, 줄어들까? 미래학자 앨빈 토플러는 일찌감치 21세기 지구촌이 '강자'와 '약자' 대신 '빠른 자'와 '느린 자'로 구분될 것이라고 예언했다. 또한 1971년에 펴낸 《미래 충격Future Shock》이라는 책에서는 너무나 짧은 시간에 너무나 많은 변화가 일어나서 생기는 정신의 분열과 방향성 상실을 예고했다. 지나친 속도경쟁에 대한 경고였다. 그가 말하는 정신적 혼란은 변화의 충격 때문에 생긴 것이 아니라 변화의 속도 때문에 생긴 것이다. 변화의 속도에 적응하지 못하고 사람들이 이탈할 거라는 걸 예상한 것이다. 그의 우려는 현실이 되어가고 있다.

우리 자신과 주위를 한번 둘러보자. '속도 중독speed addiction'과 '변화강박증change obsession'에 빠져들고 있음을 인정하게 될 것이다. 급하지 않은데도 발걸음이 나도 몰래 빨라지고, 중요한 차이가 아님에도 상대방의 말이 끝나기를 기다리지 못하고, 기다림은 짜증으로 여겨지며, 비어 있는 시간은 의미 없게 느끼곤 한다. 만인에 대한 만인의 경쟁이 당연시되는 글로벌 사회에서 우리는 '가만히 있어서는 안 되고 변화해야 한다'는 강박관념을 갖게 된다.

내과 의사인 래리 도시는 이를 현대인이 앓고 있는 '시간병time-sickness'이라고 표현했다. 시간병이란 '시간이 달아나고 있다는, 시간이 충분하지 않다는, 그리고 계속 나아가려면 가속 페달을 더욱 더 세게 밟아야 한다는 강박적 마음'을 가리키는 말이다. 이제 느림과 멈춤은 우리에게 왠지 모를 불안함과 무가치감으로 다가온다. 심지어 어떤 사람들에게는 아무것도 하지 않고 가만히 있으라는 것이 가장 큰 고문이 될 수도 있다. 하지만 '긴장과 이완', '일과 휴식', '빠름과 느림', '소비와 저축' 양자의 조화가 무너지는 순간 우리의 마음과 몸, 경제와 사회는 병을 앓게 될 수밖에 없다.

우리 사회는 일종의 거대한 러닝머신이다. 우리는 그 기계 위에서 스스로 리모컨을 쥐고 있으면서도 끄지를 못하고 있다. 잠시라도 뛰지 않으면 뒤처지는 느낌을 주는 초경쟁Hyper-competition 시대에 누군가에게 조종이라도 당하듯 우리는 러닝머신의 속도를 높인다. 하지만 그 끝은 어디인가? 결국 많은 이들이 떨어지고 주저앉고 만다. 그렇게 부지런했던 사람이 순식간에 한없는 '게으름'의 상태로 전락해버린다. 긴장을 했으면 이완을 해야 탄성이 유지되는데 계속 긴장만 하는 탓에 탄성을 잃어 제자리로 돌아갈 수 없게 되는 것이

다. 탄성을 잃고 늘어져버린 고무줄! 그것은 이 시대 우리들의 자화
상이다.

4 ┃ 급증하는 중독

누가 중독자일까? 중독자는 중독이 주는 단기적인 만족감에 사
로잡혀 정작 중요한 일을 하지 못하는 사람이다. 사람들과의 관계
를 깨뜨리면서까지 중독 행위에 빠져들고, 중독이 주는 기쁨 외에
는 다른 기쁨을 찾을 수 없는 사람들. 물론 일, 관계, 책, 칭찬, 정보
등 우리가 긍정적으로 생각하는 대상에도 얼마든지 중독될 수 있
다. 그러나 이 책에서는 부정적인 대상에 대한 중독 위주로 이야기
를 풀어가고자 한다.

사실 모든 중독이 게으름 때문은 아니지만 중독의 본질은 삶에
대한 회피에 있기에, 중독은 게으름을 낳고 게으름은 중독을 낳는
다고 할 수 있다. 물론 중독은 개인적 문제만이 아니라 유전적, 사
회문화적 요인들이 복합적으로 작용하여 발생하는 문제이다. 그러
나 우리는 같은 유전자를 갖고 같은 환경에서 자라나더라도 누구는
중독자가 되고 누구는 생산적인 삶을 살아가는 예를 주위에서 쉽게
볼 수 있다. 그러므로 우리가 물려받는 것은 중독 가능성^{addictive}
^{potentiality}이지 중독 자체$^{addiction\ itself}$가 아님을 잊지 말아야 한다.

II
게으름과의 결별

05 게으름 탈출을 위한 마음가짐

사람이 인생에서 이루어야 할 주요 과제는
자기 자신을 다시 태어나게 하는 것이다.

— 에리히 프롬

●●· 게으름은 본성이 아니다

게으름은 인간의 본성일까? 피터 드러커 경영대학원의 심리학과 교수인 미하이 칙센트미하이는 그의 저서 《몰입의 즐거움》에서 이렇게 이야기한다.

일은 필요악으로 여겨진 반면, 쉴 수 있는 것, 아무 일도 하지 않아도 되는 것은 모든 사람에게 행복에 이르는 지름길로 받아들여졌다. 여가를 즐기는 데는 특별한 재주가 필요 없고 아무나 즐길 수 있다는 믿음이 널리 퍼졌다. 그러나 현실은 정반대로 여가는 일보다 더 즐기기가 어렵다. 그것은 저절로 터득

할 수 있는 것이 아니다. 정신분석학자인 산도르 페렌치는 환자들이 일요일에 유달리 히스테리와 우울증 증세에 시달리는 경우가 많다는 것을 간파하고 '일요 신경증'이라고 불렀다. 휴일과 휴가 기간에 심리상태가 악화되는 보고가 잇따르고 퇴직 후 만성 우울증을 앓는 경우도 많다. 연구조사에서 사람이 어떤 목표에 집중할 때 심지어 몸까지 더 좋아진다는 사실을 알아냈다. 주말에 일 없이 집에 혼자 있는 사람들은 몸이 아프다고 호소할 때가 많다. 이 모든 증거들은 게으름이 천성이 아님을 시사한다. 목표가 없고 교감을 나눌 수 있는 타인이 없을 때 사람들은 차츰 의욕과 집중력을 잃기 시작한다.

미하이 칙센트미하이는 게으름이란 천성이 아니라 '목표와 관계를 잃을 때 나타나는 상태'라고 보았다. 이는 무엇을 말하는가? 다시 말해 목표와 관계를 회복하면 게으름에서 벗어날 수 있음을 이야기하고 있다.

게으름이 본성인지 아닌지를 확인하려면 아이들을 보아야 한다. 세상에 게으른 아이는 없다. 물론 발달과 성장이 느린 아이는 있을 수 있다. 그러나 발달과 성장을 포기하는 아이는 없다. 아이들은 실패를 내재화하여 새로운 방법으로 다시 도전한다. '도전과 재도전의 과정으로 이어지는 삶!' 이것이야말로 게으르지 않은 사람과 게으름에서 벗어나는 사람의 핵심적인 특성이다. 결국 게으름에서 벗어나려면 어린아이의 마음으로 돌아가야 한다.

그렇다면 우리는 왜 게을러지는가? 그것은 바로 포기와 좌절 때문이다. 재도전의 의지를 꺾어버리는 안과 밖의 제약이 우리를 게으르게 만드는 것이다. 그렇다고 해서 좌절이 불필요하다는 것은 아니다. 유아적인 전지전능감과 우월감은 자신에 대한 무가치감만큼이나 해가 되기 때문이다. 적절한 좌절이야말로 아이가 어른으로 성장하면서 건강한 자존감을 형성하기 위해 꼭 겪어야 할 시련이다. 하지만 '적절한 좌절'과 '섣부른 포기'는 구분되어야 옳다.

그 구분이 쉽지 않지만 '섣부른 포기'는 할 수 있는 일임에도 불구하고 재시도하지 못하는 것이다. 예를 들어 혼자 신발을 신으려는 세 살짜리 아이가 있다고 해보자. 당연히 발이 잘 안 들어가 혼자 신발을 신는 것이 쉽지만은 않을 것이다. 이때 혼자 끙끙대는 모습이 안쓰럽거나 기다림에 익숙하지 못하는 부모라면 아이에게 신발을 빼앗아 신겨주고 말 것이다. 만일 이러한 일이 반복되면 아이는 한동안 혼자 신발 신는 것을 포기하고 만다. 과연 이러한 예가 신발을 신는 것과 같은 작은 영역에만 국한되는 것일까? 게으름에 빠진 사람들의 양육환경을 보면 나이에 걸맞지 않는 지나친 통제와 과잉개입이 흔히 관찰된다. 즉, 일방적인 양육태도로 인해 스스로 선택하고 스스로 노력하는 삶의 능동성을 잘 발달시키지 못한 것이다.

이런 상황이 몇 차례 지속되면 아이들은 점점 부모의 태도를 내재화하며 안과 밖의 눈치를 살피고, 할 수 있는 것과 할 수 없는 것을 나누고, 해도 될 일과 해서는 안 될 일을 구분하기 시작한다. 물론 그러한 과정이야말로 위에서 언급한 것처럼 성장의 한 축이다. 다만 여기에서 말하고자 하는 것은, 우리가 아이들에게 섣부른 포기를 가르치고 있지는 않은지 돌아보자는 것이다. 부모가 반드시 지켜주어야 할 것은 아이의 안전만이 아니다. '도전과 재도전의 정신' 또한 지켜주어야 한다. 그러려면 우선 부모가 '도전과 재도전의 정신'을 잃지 말아야 한다.

어린 시절 이야기가 나왔으니 그 시절로 한번 돌아가보자. 어린 시절 우리에게 세상은 놀이터였다. 우리는 시간 가는 줄 모르고 세상을 즐겼다. 위험한 장난에 때로는 야단도 맞았지만 호기심과 도전은 중단되지 않았다. 놀이에 빠져 있을 때는 칠흑 같은 어둠도, 배고픔도, 엄마의 꾸중도 우리를 가로막지 못했다. 하지만 나이가 들수록 세상은 전쟁터가 되었다. 늘 실체를 알 수 없는 가상의 적과 싸워야 했고, 막연한 위험을 떠올리며 안전한 참호를 구축해야만 했다.

그러다보니 우리는 어느 틈에 가진 것을 지키기 위해 살 뿐, 원하는 것을 얻으려 도전하지 않게 되었다. 더 이상 야단치는 사람도 없건만 우리는 안전한 곳만을 찾는다. 물론 그럼에도 불구하고 일말의 희망은 있다. 지금은 이렇게 '지키는 삶'을 살지만 나중에는 '원하는 삶'을 살겠다고 스스로에게 한 약속이 있기 때문이다. 즉, 그저 막연히 '살고 싶은 삶'을 위해 '살고 싶지 않은 삶'을 살아가는 것이다.

그러나 그럴수록 '살고 싶은 삶'은 멀어지고 만다. '살고 싶지 않은 삶'을 사는 동안 '살고 싶은 삶'에 대한 희망은 끝없이 마모되고 변형되기 때문이다. 삶이 시들어가는 것이다. '시들어가는 삶!' 그 것이야말로 게으름의 텃밭이다. 삶에서 희망을 떠올리지 않는 그 순간, 우리는 게을러지기 시작한다. 이제 게으름의 잡초들은 시들어가는 삶을 옭아매며 무성하게 자라난다. 희망이 사라진 자리에 게으름이 자리를 잡아가는 것이다.

그러나 이러한 게으름은 타고난 본성이 아니라 섣부른 포기와 두려움 때문이다. 그러므로 게으름 자체를 비난할 것이 아니라 무엇이 우리를 게으르게 만들고 있는지를 살펴보아야 한다. 게으른 우리의 모습이 우리의 전부는 아니다. 우리는 누구나 자신의 잠재력을 발휘하고 싶고, 생산적인 결과를 내고 싶어하는 근원적인 욕구를 지니고 있다. 우리 안에는 타고난 가능성을 현실로 만들어내려는 창조적 본성이 숨 쉬고 있다. 우리 안에는 나무들처럼 각자의 열매를 맺을 유효한 자질이 여전히 내재되어 있다. 그것이 생명의 본질인 것이다. 세상에 성장을 포기하고 자신을 퍼뜨리기를 중단하는 생명이 어디 있겠는가!

● ● ● 방향성을 부여하라

그렇다면 어떻게 해야 게으름에서 벗어날 수 있을까? 우리는 앞에서 게으름을 삶의 에너지가 저하된 상태라고 정의했다. 그것은 에너지가 없다는 뜻이 아니라 흩어져 있거나 순환하지 않고 고착되어 있음을 의미한다. 게으름이란 마음이 방향 없이 어질러진 상태다. 우리의 삶은 가만히 내버려두면 무질서해지기 쉽다. 이는 삶뿐만 아니라 자연 자체의 성질이다. 과학에서는 이를 엔트로피entropy 법칙이라 한다. 게으름이란 곧 '정신의 엔트로피 상태'인 셈이다. 따라서 정신의 엔트로피 상태를 반反엔트로피 상태로 바꿀 때 우리는 게으름에서 벗어날 수 있다.

엔트로피 상태를 반엔트로피 상태로 바꾸려면 당연히 에너지가 필요하다. 물이 높은 데서 낮은 곳으로 흘러가는 것은 쉽지만, 낮은 곳에서 높은 곳으로 올라가려면 펌프와 같은 동력이 필요한 것과 같은 이치다. 게으름에서 벗어나려면 이러한 '추가적 동력' 확보가 핵심이다. 이를 얻지 못하면 게으름 탈출 전략은 백전백패일 수밖에 없다.

결국 게으름에서 벗어나는 것은 정신력의 문제다. 게으름의 원인이 무엇이든지 간에 결론은 우리가 더 강해지는 수밖에 없다. 너무 당연한 말일까? 그럼 어떻게 해야 삶의 에너지를 향상시킬 수 있을까? 결론부터 말하면 '삶의 에너지를 일정한 방향으로 통합'해야 한다. 무질서한 정신에 지향성, 목표의식, 동기가 부여될 때 삶의 에너지는 통합된다. 그러므로 게으름 탈출에서 가장 중요한 것은 방향성을 갖추는 것이다. 단지 '게으름에서 벗어나자!'와 같은 구호 아래 문제의 해소에만 매달려서는 안 된다. 다수를 쫓아가거나 획일적인 성공만을 추구해서도 안 된다.

그렇다면 방향을 어떻게 세울까? 가장 중요한 원칙은 저항이 가장 약한 방향을 찾아야 한다는 것이다. 저항이 적은 방향이 가장 쉽고 효율적이라는 것은 두 말할 필요가 없다. 전기도 가장 저항이 적은 곳으로 흘러야 에너지 효율이 높지 않은가. 사람도 마찬가지이다. 노력을 쏟는 방향에 저항이 거세다면 결과는 빈약할 수밖에 없다. 그렇다면 삶의 방향에 있어 저항이 가장 약한 방향이란 무엇을 의미하는 것일까? 그것은 바로 자신이 좋아하고 잘하는 것을 찾아가는 것을 말한다. 그것이야말로 순리를 쫓아가는 자연스러움이다. 즉, '재능과 강점을 바탕으로 자신이 가장 잘 어울리는 곳으로 나아가는 것'이야말로 게으름에서 벗어나 우리가 걸어가야 할 길이다.

내면의 목소리에 충실한 방향으로 나아갈 때만 지속적인 에너지를 만들어낼 수 있다. 그리고 그 방향을 만드는 것을 우리는 동기라고 부른다. 동기에는 보상이나 벌 같은 외적 동기와 호기심이나 자기만족감 같은 내적 동기, 이렇게 두 종류가 있다. 게으름에서 벗어나려면 내적 동기를 우선적으로 지녀야 한다. 내적 동기에 의해 움직이는 사람은 이미 에너지 발전소를 가지고 있는 셈이다. 이들은 외부적 보상의 높고 낮음에 크게 좌우되지 않고 스스로 에너지를 유지하기 때문이다. 반대로 돈, 명예, 인정과 같은 외적 동기에 의해 움직이는 사람은 그러한 외부적 요건이 충족되지 않으면 금세 에너지가 흩어지기 쉽다.

●●• 게으름에서 벗어나는 사람, 못 벗어나는 사람

그렇다면 왜 어떤 사람들은 게으름에서 벗어나고, 어떤 사람들은 벗어나지 못하는 것일까?

1 │ 잘못에 대한 반응

게으름에서 벗어나는 사람이나 못 벗어나는 사람이나 모두 과거의 게으름으로 돌아가려는 경향이 있다. 특히 새로운 결심을 세운 이후, 과거의 게으른 습관이 잠시라도 다시 나타나면 그러한 경향은 더욱 두드러진다. 이것은 어쩔 수 없다. 충분히 있을 수 있는 일이다. 중요한 건 우리의 반응이다. 어떤 반응을 보이느냐에 따라 게으른 과거로 돌아갈 수도 있고 미래로 나아갈 수도 있다.

예를 들어보자. 직장인 K씨는 건강검진시 당뇨 진단을 받고 위기감을 느꼈다. 그래서 평일 아침마다 일찍 일어나 50분씩 헬스를 하기로 다짐했다. 그런데 처음 일주일은 잘해놓고 둘째 주에는 헬스를 두 번 쉬고 말았다. 흔히 보는 상황이다. 이럴 때 게으름에서 벗어나지 못하는 사람들은 이를 계기 삼아 예전의 게으름으로 바로 후퇴해버린다. 이들은 약속을 어긴 자신을 비난하며 잘못slip을 실패failure로 규정짓는다. 그리고 '난 역시 안 돼!', '난 어쩔 수 없는 게으름뱅이야', '에라, 모르겠다. 될 대로 되라!' 식의 자포자기에 빠지고 만다. 그러나 지레 실패라고 규정짓는다면 우리가 할 수 있는 일은 과거의 게으름 속으로 돌아가는 것밖에 없다. 실패라는 규정 속에서 재시도는 원천적으로 봉쇄되고 마는 것이다.

하지만 게으름에서 벗어나는 사람들은 반응이 다르다. 그들은 잘못slip을 만회 가능한 실수reversible mistake로 받아들인다. 실패로 보지 않기 때문에 그들은 왜 그러한 잘못을 저질렀는지 되돌아보고 재시도를 한다. 이것이 핵심이다. 결국 결정적 차이는 '재시도'의 유무에 있다. 누구나 잘못을 저지를 수 있다. 중요한 것은 절대 잘못하지 않겠다는 무모함에서 벗어나, 잘못을 잘못으로만 인식하고 이를 보완하여 재시도를 하는 것이다.

- 게으름에서 못 벗어나는 사람

  시도 → 잘못 → 실패로 인식 → 포기

- 게으름에서 벗어나는 사람

  시도 → 잘못 → 만회 가능한 실수로 인식 → 보완 → 재시도

2 | 진짜 비전 vs. 가짜 비전

진짜 비전은 그 자체만으로도 힘을 준다. 자신이 진정으로 원하는 것이라는 확신이 서기 때문이다. 비전을 세워놓고도 '이 길이 정말 내 길일까?' 하는 회의가 든다면 그것은 진짜 비전이 아니다. 믿음을 주지 않는 비전은 가짜 비전이다. 자신의 강점과 재능, 그리고 내적 동기에서 출발하지 않고 남의 비전을 빌려왔다고밖에 볼 수 없다. 가짜 비전은 현실과 접촉하는 순간 빛을 잃는다. 암흑 같은 두려움이 비전을 삼켜버리고 만다.

하지만 진짜 비전은 두려움을 넘어설 용기를 준다. 시간이 지날수록 점점 더 간절해지고 뚜렷해진다. 그래서 진짜 비전을 향해 나아가는 사람에게는 실패란 말이 있을 수 없다. 진짜 비전은 자기를 실현하는 것이지 다른 사람과 제로섬게임을 하는 것이 아니다. 자기답게 살아가는 길에 실패나 파멸이란 말이 어떻게 따라붙겠는

가! 실패는 승자독식의 피라미드 체제 속에서 경쟁하는 사람들의 이야기이다. 자기실현을 위해 네트워크 체제 속에서 살아가는 사람들에게는 상처는 있지만 실패는 없다. 그리고 그 상처는 자기실현이라는 '영광의 길path of glory'을 걸어가는 자에게 부여되는 훈장일 뿐이다.

진짜 비전을 깨달았던 간디 이야기를 소개한다. 간디는 1869년에 태어나 정통 힌두교의 영향을 받으며 성장했다. 어린 시절, 혼자 있기 좋아하는 소극적인 아이였던 그는 자라면서 법률 공부를 했고, 보통의 인도 사람들은 꿈도 꾸지 못할 영국 유학을 떠났다. 그리고 1891년, 변호사 시험을 통과하고 봄베이로 돌아와 변호사 활동을 시작했다. 그런데 그가 변호사로서 법정에 처음 섰을 때 수치스러운 일이 벌어지고 말았다. 사람들 앞에서 갑자기 말문이 막혀 변론다운 변론도 하지 못하고 내려왔던 것이다. 그는 사무실 내근자로 강등되는 수모를 겪고 하찮은 존재로 취급받았다. 변호사로서 별다른 활약을 보이지 못했던 그는 한 회사의 의뢰를 받아 1년간의 계약으로 남아프리카 공화국에 가게 되었다. 하지만 그는 그곳에서 잔혹한 인종차별을 목격하며 자신이 정말 있어야 할 곳이 어디인지를 깨닫게 된다. 힘 없는 인도인을 위해 싸우는 것이 자신의 사명임을 깨닫고, 이후 20여 년 동안 인종차별 반대 투쟁을 펼쳤다. 말도 제대로 못했던 한 변호사는 간데없이 사라지고 인종차별에 맞서 목숨을 걸고 싸우는 용기 있는 순교자로 거듭난 것이다.

진짜 비전은 그와 같은 것이다. 누군가 비전은 있는데 두려움에 휩싸여 한 걸음도 발을 떼지 못하겠다고 말한다면 그 비전이 가짜라고밖에 할 수 없다.

3 | 계획을 잘 나누는 사람 vs. 계획을 잘 나누지 못하는 사람

게으름에서 벗어나는 사람은 새로운 계획을 자신의 능력에 맞게 잘 나눌 줄 안다. 자신이 소화할 수 있도록 계획을 나누는 능력은 정말 중요하다. 게으름의 습관을 하나하나 벗겨내기 위해선 가장자리에서부터 조금씩 안으로 파고들 필요가 있다. 몇십 년 동안 일기를 쓰지 않은 사람이 어느 날부터 매일 일기를 쓸 수 있을까? 일단 일기가 아니라 무언가를 기록하는 습관부터 들여야 한다. 그날 할 일이어도 좋고 가계부를 적어도 무방하다. 아무리 생각해도 무리가 아니라는 확신이 들 때까지 계획을 쪼개고 목표의 하한선을 낮추는 것이 좋다. 목표치를 높이기 위해 서둘러서는 안 된다.

반면에 게으름에서 벗어나지 못하는 사람은 목표를 향한 디딤돌을 잘 놓지 못한다. 그들은 구체적이고 계획적이기보다는 요행을 꿈꾸거나 모양새를 중시해서 내실을 기하지 못한다. 이는 눈뭉치 없이 눈사람을 만들려는 것과 같다.

4 | 단념할 줄 아는 사람 vs. 모든 일을 잘하려는 사람

게으름에서 벗어나는 사람은 초점을 잃지 않는 사람이다. 초점을 벗어나는 일들에 대해서는 과감히 단념할 줄 알아야 한다. 새로운 삶에 대한 열정이 아무리 높아도 우리의 에너지는 제한되어 있고 할 일은 많다. 게으름은 할 일이 없다고 느낄 때도 나타나지만, 할 일이 너무 많다고 느낄 때도 찾아오는 법임을 명심하라. 많은 일이 뒤죽박죽 섞여 있을 때 '경중완급輕重緩急'에 따라 일을 배분하지 않으면 모든 것이 엉켜버린다. 큰 것을 위해 작은 것을 포기할 줄 모르는 사람은 게으름에서 헤어나오지 못한다. 큰 것과 작은 것을 나누는 것이 비전임을 잊지 말라.

5 | 각각의 그림을 연결시켜보는 사람 vs. 작은 그림만 보는 사람

우리는 늘 하고 싶은 일만 하고 살 수는 없다. 삶의 어느 순간에는 하고 싶은 일을 위해 하기 싫은 일을 견뎌야 할 때가 있다. 뮤지션이 되기 위해 하나의 곡을 수없이 연주해야 하고, 대학입시를 위해 하기 싫은 과목의 공부를 해야 하고, 프로야구 선수가 되기 위해 매일 수천 번씩 배팅 훈련을 해야 하고, 자신의 경쟁력을 높이기 위해 책상에 앉아 밤을 새워야 할 때가 있다.

사실 단순하고 반복적인 일일수록 인내심을 시험하게 만든다. '반복'이란 분명 실력의 다른 말임을 알고 있지만 실력 전에 싫증이 먼저 찾아오는 것은 어쩔 수 없다. 게으름에서 빠져나오기 위해서는 원하는 일을 하면 되지만 이는 말처럼 쉽지 않다. 그렇기에 원하는 일에 다가서기 위한 다리를 놓아야 한다. 그 과정에는 늘 하기 싫은 일이 끼어 있기 마련이다.

그런데 어떤 사람들은 하기 싫은 일을 참고 이겨내는 반면, 어떤 사람들은 다시 게으름에 빠진다. 두 그룹의 차이는 무엇일까? 하기 싫은 일을 참고 해내는 사람들은 싫증을 느끼더라도 '큰 그림'을 놓치지 않는다는 점이 다르다. 즉, 그들은 지금의 단순한 일과 설레는 미래를 연결시켜 현실의 싫증을 위로할 줄 안다. 그에 비해 게으름으로 돌아가는 사람들은 '큰 그림'을 놓쳐버리곤 한다. 그들은 현재의 괴로움을 미래를 위한 투자로 여기지 않는다. 결국 '큰 그림'을 놓치느냐, 놓치지 않느냐가 중요한 관건이다. 그런 의미에서 미래학자 앨빈 토플러의 말을 음미해보자. "우리가 '큰 일'을 생각할 때 자질구레한 모든 일들이 올바른 방향으로 나아가게 된다."

●•• ACE 정신 능력

우리의 정신력을 강화하는 방법은 육체의 능력을 강화하는 방법과 그 원리에 있어서 크게 다르지 않다. 만일 우리가 근력, 지구력, 순발력과 같은 능력을 높이려면 어떻게 해야 할까? 답은 말할 것도 없이 그에 합당한 운동을 하는 것이다. 혼자서 할 수도 있고 트레이너의 지도를 받을 수도 있다.

게으름에서 벗어나는 것도 크게 다르지 않다. 저하된 정신에너지를 훈련을 통해 끌어올려주는 과정이 필요하다. 최신 뇌과학은 우리의 뇌가 정신훈련을 통해 강화되고 변화하는 유동적인 조직임을 입증하고 있다.

게으름과 관련해서는 특히 자각 능력, 창조 능력, 실행 능력이 중요하다. 이 세 가지를 합쳐서 'ACE 정신 능력'이라고 한다. 즉, 인식의 수준을 높여 엄정한 자기성찰을 하고, 게으름에서 벗어나는 것 이상의 비전을 창조하며, 작은 실천을 통한 확장으로 실천성을 높여야 한다. 각각의 정신 능력을 높일 수 있는 세부적인 훈련방법은 뒤에서 다시 소개하기로 한다.

1 | 자각 능력 Awareness Power

여기서 말하는 자각 능력은 자기성찰 능력을 말한다. 자기성찰이란 '내 안에서 일어나는 것, 내가 하는 것이 무엇인지를 나 스스로 아는 것'을 말한다. 즉, '마음을 살피는 마음'이라고 할 수 있다.

게으른 사람들은 보통 부정적 인식 틀로 세상을 지각하고 해석한다. 그렇기에 그 부정적 인식 틀에서 벗어나는 사고가 필수적이다. 게으름을 만든 사고체계로는 게으름에서 빠져나올 수 없기 때문이다. 이를 위해서는 자신의 마음에서 한 걸음 벗어나야 한다. 그것은 우리가 마음의 주체이면서 동시에 관찰자가 되는 것을 의미한다.

우리 모두의 마음에는 자신을 개관화시킬 수 있는 능력이 있다. 이를 정신의학에서는 '관찰적 자아observing ego'라고 한다. 자기관찰은 자기변명도, 자기비난도 아니다. 변명과 비난을 경계하며 자신을 엄정하게 살펴보는 것이다. 이렇게 자신의 틀에서 벗어나 자신을 바라보는 능력이 향상되면 실행의 질이 높아진다. 절에는 풍경, 목탁, 목어처럼 물고기 모양을 하고 있는 것들이 많다. 물고기는 자나 깨나 항시 눈을 뜨고 있기 때문이다. 다시 말해 수행자가 마음의 눈을 뜨고 항상 깨어 있으라는 메시지가 담겨 있는 셈이다. 게으름을 살피는 마음의 눈 또한 늘 깨어 있어야 한다.

2 | 창조 능력Creative Power

여기서 말하는 창조 능력이란 일반적인 창조성보다는 미래설계 능력을 말한다. 게으름에 대한 정신훈련의 핵심은 미래에 대한 기억을 창조하는 것에 있다고 해도 과언이 아니다. 중요한 것은 미래를 상상하는 것이 아니라 이미 발생한 사건처럼 체험하는 데 있다. 미래를 떠올리는 것이 아니라 미래 속으로 들어가야 하는 것이다. 이를 위해서는 원하는 미래를 오감을 통해 생생하게 그려내는 심상 imagery 능력이 중요하다. 핵심은 원하는 미래상을 체험하는 것이지만, 필요에 따라 게으름에 계속 빠져 있을 경우 닥쳐올 미래의 불행을 생생하게 떠올릴 필요도 있다.

3 ㅣ 실행 능력 Executive Power

일찍이 중국의 유학자 왕양명은 지행합일知行合一을 표방하며 앎과 삶이 다르지 않음을 강조했다. 즉, 안다는 것은 실천의 시작을 의미하고, 앎은 실천을 통해 완성된다고 보았다. 그렇다면 알면서 안 하는 것은 어떤가? 그런 것은 없다는 것이 왕양명의 주장이다. 지와 행이 끊어져 있는 것은 제대로 안다고 볼 수 없다는 것이다.

우리는 흔히 알면서 실천하지 못했다고 말한다. 하지만 지행합일의 정신에서 바라보면 이는 결국 제대로 안 것이라고 볼 수 없다. 확실하게 알고 나서 실천하겠다는 것 역시 실행하지 못하는 것에 대한 변명일 뿐이다. 그렇다면 어떻게 해야 할까? 앎과 실천이 서로 다가가야 한다. 연인이 서로를 그리워하듯 앎은 실천으로 다가서고, 실천은 앎으로 다가가야 한다. 특히 '작은 선택'과 '작은 실천'을 통해 나아가는 것이 중요하다. 왜냐하면 실천 역시 습관이고 훈련으로 향상되는 정신 능력이기 때문이다.

Tip 재기에 성공하는 사람들의 특징

《NLP 무한 성취의 법칙》이라는 책을 보면 게리 패리스라는 NLP[Neuro-Linguistic Programing : 신경언어프로그래밍이라고 불리는 멘탈 트레이닝 기법] 트레이너가 나온다. 그는 달리기 도중 트럭에 치이는 교통사고를 당해 생사를 넘나들었지만 역경을 딛고 끝내 재활에 성공한 사람이다. 그는 이러한 자신의 경험을 바탕으로 스포츠 재활을 연구했다. 특히 그는 재활한 운동선수들을 연구하여 이들에게 공통적으로 나타나는 6가지 특징을 소개했다.

이 책에서 그 6가지 특징을 다시 인용하는 것은 게으름에서 벗어나는 원리와 재기에 성공하는 사람들의 원리가 크게 보면 같기 때문이다. 그것은 중독에서 회복되는 사람들의 특성과도 유사하고 성공하는 사람들의 특성과도 유사하다. 결국 인간에게 있어 긍정적인 변화의 원리는 몇 가지로 좁혀진다는 것을 알 수 있다.

1. 내적 동기

재활에 성공한 운동선수들은 보상이나 명예와 같은 외적 동기가 아니라 내적 동기가 높은 사람들이다. 이들은 피해야 할 불쾌한 결과를 구체적으로 떠올리는 동시에 그들이 원하는 행복한 결과를 생생하게 상상할 줄 안다.

2. 높은 기준의 가치

그들은 단지 부상의 최소화가 아니라 완전한 힘과 건강을 되찾는 데 목표를 두고 온 힘을 기울인다. 그들은 평범한 회복이 아니라 이전 수준 혹은 그 이상의 건강을 원한다.

3. 목표를 작은 덩어리로 나누기

그들은 목표를 적당한 크기로 나누어 집중한다. 한 걸음 더 걷기, 1센티미터 더 손가락 구부리기 등과 같은 작은 목표에 집중하고 이를 통해 더 큰 목표로 나아갈 동기를 부여한다.

4. 현재와 미래의 시간 틀 결합하기

그들은 날마다 작은 목표에 집중하면서 현재 순간에 충실하고, 한편으로 긍정적인 미래를 생생하게 상상하여 그 안에 머무를 줄 아는 능력을 지녔다.

5. 주도적으로 개입하기

그들은 자신의 재활계획에 더 적극적으로 참여할수록 회복이 빨라진다는 걸 잘 안다. 때문에 전문가들의 손에 자신을 수동적으로 내맡기지 않는다.

6. 자신과 자신을 비교하기

그들은 남과 자신을 비교하지 않는다. 자신과 자신을 비교하면 다른 사람의 성취는 시기나 질투의 대상이 아니라 영감을 주는 모델이다.

● ● ● 삶을 깨우는 목소리

게으름에서 벗어나려면 '각성의 순간'이 필요하다. 이렇게 큰 깨우침의 순간을 '배움 이상의 배움'이라는 의미에서 '슈퍼러닝super-learning'이라고도 부른다. 모든 실질적 변화는 인식의 상위수준인 각성에서 시작된다. 사실만으로 변화는 이루어지지 않는다. 게으르면

안 된다는 걸 모르는 사람이 어디 있는가! 담배나 술이 해롭다는 말을 우리는 얼마나 많이 듣고 살아왔는가! 중요한 것은 '각성'이다.

각성을 위해서는 '의식적 고양'과 '정서적 각성'이 필수적이다. 이 둘은 상호보완적이다. 의식적 고양은 자신이 가지고 있는 인식의 틀에서 벗어날 때 이루어진다. 그것은 단순히 새로운 체험만을 의미하지 않는다. 이미 잘 알고 있었던 사실을 다른 각도, 다른 관점에서 살핌으로써 그 의미를 새롭게 깨닫는 경험 역시 의식적 고양에 속한다.

이에 비해 정서적 각성은 감정적 반응을 유발하는 기준선이 낮아지는 것을 의미한다. 예전에는 별 감흥을 주지 않던 일들이 어떤 계기를 통해 만족감을 주는 경험으로 변모할 수도 있고, 매일 똑같은 일상이 어느 날 문득 부끄러움과 후회를 던져주기도 한다. 이러한 정서적 각성 역시 계기가 중요하다. 이 계기는 스스로 만들 수도 있지만 전혀 예상하지 않았던 순간에 찾아오기도 한다.

우리 안에는 예외 없이 발광하고 싶은 인화물질이 들어 있다. 재능과 열정이 바로 그것이다. 이것들이 제대로 타오르려면 불씨가 필요하다. 그리고 그 불씨는 바로 변화의 계기이다. 그 계기는 어떤 사건일 수도 있고, 어떤 존재일 수도 있고, 한 편의 글이나 그림일 수도 있다. 중요한 것은 그러한 계기들은 늘 질문을 동반하고 온다는 사실이다. '나는 지금 제대로 가고 있는 것일까?' '이것이 과연 내가 바라는 인생의 모습일까?' '이 모습이 나의 전부인가?' 등등. 이러한 질문을 나는 '삶을 깨우는 질문awakening question'이라 부른다. 이 질문의 목소리caller가 누구인지는 중요하지 않다. 중요한 건 이 질문들이 우리의 의식을 내면으로 이끌어 각성을 유도한다는 점이다.

그러나 모두가 이러한 질문을 받아들이는 것은 아니다. 어떤 사람들은 이를 쓸데없는 잡념이라 여기며, 그 숨통을 때 이르게 끊어버린다. 모처럼 찾아온 각성의 순간을 애써 외면해버리는 것이다. 하지만 어떤 이들은 이 질문을 계기로 내면의 자신과 마주한다. 그리고 '지금 이 모습이 바로 나로구나!' 하고 깨닫는다.

그 모습은 대부분 자신이 원했던 것이 아니기에 누군가는 가슴을 치며 뼈저린 후회를 하기도 한다. '아…… 나는 왜 이렇게밖에 살지 못했던가!' 짙은 회한과 후회가 지나면 그 앞에는 선택의 갈림길이 펼쳐진다. '지금 이대로의 모습으로 살 수밖에 없지 않은가!'라는 자기체념의 길과 '이제 더 이상 예전처럼 살 수 없어!'라는 자기혁신의 길 앞에 서게 되는 것이다. 갈림길에 선 사람은 결국 선택해야 한다. 제3의 길이란 없다.

● ●● 변화의 순간들

1 | 인생의 주요 시기

　변화의 순간은 별다른 노력 없이 인생의 어느 시점에서 자연스레 찾아오기도 한다. 어떤 충격이나 사건이 없더라도 생의 문턱을 하나 하나 넘으며 우리는 지난 삶을 돌아보고 남아 있는 생애를 상상하게 된다. 흔히 우리는 연말에 한 해를 돌아보며 자신을 들여다본다. 그런데 똑같은 연말인데도 어떤 연말은 그 깊이가 다르게 느껴진다. '삶을 깨우는 질문'을 만난 것이다. 우리는 그 질문에서 계속 도망갈 수 없다. 정면으로 맞부딪혀야만 하는 순간이 찾아온다. 누군가는 그 질문의 무거움을 이기지 못해 더 깊은 나락으로 떨어지기도 한다. 하지만 누군가는 그 질문을 계기로 새로운 삶을 다짐한다.

　나의 경우에도 그랬다. 나는 삶을 깨우는 질문을 계속 수신거부 했다가 아이의 아빠가 되면서 비로소 그 질문을 손에 쥐었다. 그것은 '너는 너로서 살아가고 있는가?'라는 질문이었다. 나는 그 질문을 가슴에 품고서 외부의 감각을 닫고 내면 속으로 침잠해 들어갔다. 그리고 자기체념과 자기혁신의 갈림길을 마주했다. 나는 두 갈래 길에서 새로운 삶을 다짐하기에 이르렀다. 나는 처음으로 지키는 삶이 아니라 도전하는 삶을 살기로 결심했다. 좋아하지 않는 것을 좋아하는 척하는 삶을 버리기로 했다. 그리고 좋아할 수밖에 없는 길을 걷기로 결심했다.

　나는 누구에게나 삶을 깨우는 질문은 찾아온다고 본다. 그 질문을 수신하느냐 수신거부하느냐는 물론 우리의 선택에 달렸다. 그러나 한두 번은 피해갈 수 있을지 몰라도 삶의 어느 길목에서 결국엔 마주칠 수밖에 없다. 그 시기는 사춘기일 수도 있고 결혼할 때, 아이가 태어날 때일 수도 있으며 중년의 방황, 여성의 갱년기, 은퇴기 등 다양한 모습으로 찾아올 수 있다. 때로는 20, 30, 40, 50 등 10년 단위로 찾아오는 특정 연령의 시기가 될 수도 있다.

2 ㅣ 위기와 불행

　사람들은 어떤 위기나 불행을 겪고 나서야 비로소 게으름에서 벗어나려는 시도를 하는 경우가 많다. 어떨 때 위기의식을 느끼는가는 매우 주관적이다. 반에서 1등 하던 학생이 2등이 되는 것이, 때로 10등 하던 학생이 30등이 되는 경우보다 더 위기 상황으로 느껴질 수 있다. 폭음을 즐기던 사람이 지방간이라는 말을 듣고 당장 술을 끊을 수도 있지만, 모든 것을 다 잃고 기차역에서 노숙하는 사람이 아직 자신의 삶에는 아무 문제가 없다고 느끼기도 한다.

　물론 위기의식을 잘 느끼지 못해서 중독에 빠져드는 사람도 있고, 너무 지나쳐 그 불안감을 회피하느라 중독에 빠져드는 사람도 있다. 중독 회복을 이야기할 때 변화의 전환점을 가리키는 용어가 있다. 바닥에 떨어져 더 이상 떨어질 곳이 없다고 느낄 때를 뜻하는 '바닥체험bottom experience'이라는 말이다. 여기서 말하는 바닥이란 지극히 주관적이다. 우리에게는 모두 자신만의 마지노선이 있기 때문이다. '더 밀려날 수 없는 선', '더 떨어져서는 안 되는 선'이 우리의 삶에는 있는 것이다. 그 선에 닿았다고 느끼는 순간이 바로 바닥이다. 그것은 꼭 사회의 가장 밑바닥만을 의미하지는 않는다.

그런데 게으른 사람들은 마음의 마지노선이 현실의 마지노선과 거의 비슷하다는 데 문제가 있다. 그들은 정말 큰 손실을 입거나 바닥에 내동댕이쳐지기 전에는 마지노선을 자각하지 못한다. 이렇듯 '바닥체험'은 변화가 이루어질 때 매우 중요한 개념이다. 한 개인이 느끼는 위기감은, 너무 지나치지만 않다면, 그 무게만큼 그대로 초기의 변화 동력으로 전환될 수 있기 때문이다. 바닥체험은 무력감을 주는 동시에 바닥을 차고 올라올 반동反動의 힘도 준다. 바닥이 절망과 희망의 변곡점이 되는 것이다.

많은 경우 바닥체험은 안타깝게도 인생의 큰 불행을 겪을 때 찾아온다. 그것은 예상치 못한 질병, 파산, 사고, 실패 같은 상실의 테마로 다가온다. 사람들은 그러한 사건들을 통해 죽음이나 불행한 미래를 아주 가깝게 마주하게 된다. 그것은 고통이며 혼란이다. 하지만 일부 사람들은 불행의 시간을 통과하면서 삶에서 진정 중요한 것이 무엇인지를 깨닫는다. '가치의 재배열'이 이루어지는 것이다.

3 | 사랑하는 사람과의 이별

의사들에게 의과대학에 진학한 동기를 물어보면, 가족 중의 누군가가 병에 걸려 죽어가는 모습을 가슴 아프게 지켜보아야 했던 경험을 말하는 사람들이 있다. 이와 비슷하게 별다른 삶의 목표 없이 살다가 가까운 사람을 떠나보내고 비로소 인생의 비전을 찾는 사람들이 꽤 있다.

이별의 아픔은 분명 삶의 가장 큰 고통 중 하나다. 이별은 삶의 많은 것을 빼앗아간다. 이별 후 마음에는 한동안 큰 웅덩이가 파인다. 그러나 어느덧 그 웅덩이에 물이 고이고 그 물을 먹고 새로운 생명이 자라난다. 사랑했던 대상이 떠나간 자리에 새롭게 사랑하는 대상이 자리하는 것이다. 물론 그 대상이 꼭 사람인 것은 아니다. 일일 수도 있고, 신앙일 수도 있고, 목표일 수도 있고, 어떤 활동일 수도 있다. 사랑하는 사람은 떠났지만 그 사람이 남긴 사랑과 자신에 대한 사랑으로 우리는 다시 새로운 대상을 사랑하게 되는 것이다.

4 | 작품work

삶의 변화가 늘 거창한 계기를 통해서만 찾아오는 건 아니다. 어젯밤 우연히 본 텔레비전 드라마나 영화에서, 누군가의 그림이나 공연을 통해, 한 권의 책에서 우리는 주체할 수 없는 삶의 열정과 새로운 영감을 선물받기도 한다. 그 무엇인가가 우리 마음의 무거운 빗장을 걷어내고 불씨를 되살려낸 것이다. 그 작품이 사회적으로 인정받는 것이냐 아니냐는 중요하지 않다. 그 작품은 한 권의 만화일 수도 있고, 한 편의 드라마일 수도 있다. 그것이 어떤 작품이든지 간에 하나의 돌멩이가 되어 마음속에 깊은 파문을 일으킬 수 있다. 그리고 그 순간 수면 밑에 잠자고 있던 옛 꿈과 소명이 섬광처럼 피어난다. 많은 작품이 있지만 나는 특히 책의 중요성을 강조하고 싶다. 사람이 만든 책보다 책이 만든 사람이 더 많다는 이야기도 있지 않은가!

사례 1
한순간 바뀌어버린 삶
존 스페이드가 쓴 《틱낫한에서 촘스키까지》란 책에는 미래학자인 바바라 막스 허버드Barbara Marx Hubbard의 이야기가 소개된다. 그녀는 젊은 시절을 고뇌와 방황 속에 보냈지만 어느 날 한 권의 책을 읽다가 변화의 순간을 맞게 된다. 그녀의 이야기를 잠시 소개한다.

"나는 아기 낳는 걸 좋아했다. 내 아이들을 끔찍이 사랑했고, 그들을 위해서 모든 시간을 바쳤다. 그런데 아기가 젖을 뗄 때마다 세상에 나면서 내게 맡겨진 또 다른 일에 대한 욕망이 고개를 쳐들었다. 그게 무언지 알아내지 못한 상태에서 아기를 또 낳았고, 다섯 명을 낳을 때까지 이와 같은 번민의 과정이 되풀이되었다."

그러한 번민의 삶을 스스로 신경증이라고 규정하며 살던 그녀는 어느 날 인본주의 심리학자인 아브라함 매슬로우의 책을 읽다가 정신이 번쩍 드는 경험을 했다고 한다. 그녀는 그 순간을 이렇게 표현했다. "그렇다. 나는 신경증 환자가 아니다. 발달이 덜 이루어졌을 뿐이다!" 그 한순간! 그녀를 평생 동안 쫓아다니며 괴롭혔던 온갖 부정적 감정들은 그녀의 성장을 돕는 긍정적인 감정으로 바뀌었고, 그녀는 새로운 삶을 시작했다.

5 | 집단의 참여

사람은 그가 어디에 속해 있는지에 많은 영향을 받는다. 한 개인이 어떤 생각을 가지고 있는지는 그가 지금까지 어떤 집단들 속에서 생활해왔는지를 살펴보면 간접적으로 알 수 있다. 가족, 친구 집단, 학교 생활, 종교 활동, 군대 생활, 직장 생활, 동호회 활동 등 여러 조직 활동들이 한 개인에게 많은 영향을 미친다. 어떤 집단은 개인의 성장을 억압하기도 하지만, 어떤 집단은 오랜 게으름에서 벗어나 새로운 세상으로 나아갈 힘을 주기도 한다.

물론 일부 집단의 참여는 자신의 의사와는 전혀 상관 없이 결정되기도 한다. 예를 들면 군대 생활이 그렇다. 하지만 종이를 아무리 얇게 잘라도 양면이 있는 것처럼 삶에는 늘 이면이 있기 마련이다. 어떤 이들은 군대에서 새롭게 삶의 방향을 정립하고 나오기도 한다. 또한 누군가는 수동적 참여를 거부하고 원하는 부대에 스스로 입대하여 자신의 삶을 담금질하기도 한다.

6 | 만남과 사랑

우리는 사람을 통해 상처받지만 또한 사람을 통해 치유되고 성장한다. 결국 우리는 만남을 계기로 새로운 인생을 살아간다. 그 만남은 현실적인 인물과의 만남일 수도 있고 신과의 만남일 수도 있다. 신과의 만남을 통한 변화에 대한 이야기는 이 책에서 다루기에 너무 큰 주제일뿐더러 나의 능력에도 맞지 않는 일이다. 그래서 여기서는 그 만남의 대상을 인간으로 국한해서 이야기하겠다.

우리는 스승, 친구, 연인, 상담가, 멘토 등을 만나며 변화의 자극을 받는다. 그 중에서 가장 큰 변화의 힘이 되는 것은 역시 뭐니뭐니 해도 사랑이다. 사랑은 우리 자신을 더 나은 사람으로 만드는 성장호르몬이기 때문이다. 그렇기에 게으른 사람은 다름 아닌 사랑을 잃어버린 사람들이다. 그래서 게으른 사람들은 뜨겁지 않다. 게으른 사람 치고 누군가를 뜨겁게 사랑하는 사람을 본 적이 없다.

사랑을 하면 우리는 상대에게 더 좋은 사람이 되고 싶어진다. 사랑만큼 사람을 바꿔놓는 계기는 없다. 연애를 하거나 부모가 될 때 우리는 기꺼이 더 좋은 사람이 되고자 노력하지 않았던가! 자신에 대한 사랑, 가족에 대한 사랑, 삶과 일에 대한 사랑, 사람에 대한 사랑! 이 중에 한 가지만 있어도 우리의 삶은 변화로 반짝거린다. 결국 게으름에서 벗어나는 해법은 '다시 사랑하는 것'이다. 잃어버린 사랑을 되찾을 때 우리는 게으름과 이별할 수 있다. 내가 아는 어떤 대학생은 늘 아침잠이 많아서 고등학교 때부터 지각을 밥 먹듯이 해왔다. 그런데 연애를 시작하더니 새벽에 일어나 여자친구를 깨워 어학원에 함께 다니는 걸 보았다. 사랑이 이렇게 게으름을 치유한 사례는 셀 수 없이 많다.

사례 2
문제아에서 우등생으로

만남을 통해 삶이 바뀐 또 하나의 사례를 소개할까 한다. 어떤 프로그램에서 만난 자기계발 강사의 이야기이다. 그와 나는 피교육생으로 만났다. 그러나 그의 열정과 신념은 가르치는 사람의 에너지를 능가해서 나는 그에게 자연스럽게 관심이 갔다. 어색함이 채 가시지 않을 짧은 시간의 만남이었지만 그는 자신의 이야기를 솔직하게 하는 편이었다. 나는 그에게 왜 자기계발 강사라는 직업을 하게 되었는지 물었다. 그의 대답은 이러했다.

"나는 찢어지게 가난한 집의 홀어머니 밑에서 자랐습니다. 한 방에서 다섯 식구가 살았어요. 학교 갈 돈은 고사하고 늘 먹고사는 것부터 고민해야 했지요. 여섯 살 그 어린 나이에 아침에 눈을 뜨면 세상이 너무 끔찍해서 도망치고 싶었다면 이해가 되세요? 학교에 들어가서도 집에 친구들을 데려오지 못했어요. 창피한 것을 떠나 같이 있을 곳이 없어서요. 공부가 다 뭡니까? 참고서 한 권 살 돈이 없었는데요. 그러다보니 형편이 비슷한 아이들하고만 어울리게 되었어요. 우리는 세상을 원망했습니다. 패싸움 하고 훔치고 담배 피고 하지 말란 짓만 골라서 하고 다녔어요. 나중에는 어머님도 포기하고 학교에서도 다

포기하더군요. 그러다가 고등학생이 되었어요. 어머니가 어떤 일이 있어도 고등학교만은 졸업해야 한다고 빌다시피 해서 겨우 안 잘릴 정도로 다녔어요. 그러다가 2학년에 올라가서 큰 사고를 쳤어요. 더 이상 학교를 다닐 수가 없게 되었죠. 그런데 2학년 담임선생님이 마지막까지 저를 포기하지 않았어요. 반성문을 쓰면 퇴학만은 면하게 해준다고 기회를 만들어주셨죠. 난 그런 마음에도 없는 글을 쓰는 게 싫었어요. '선생님! 나한테 왜 그러는 거예요? 그냥 좀 놔두란 말이에요. 나를 알기나 하세요?' 그렇게 한참을 실랑이를 벌였어요. 그러다가 선생님이 내 어깨를 움켜쥐고 눈을 똑바로 쳐다보시더군요. 마지막으로 하고 싶은 말이 있다고 하셨어요. '잘 들어! 난 많은 아이들을 봐왔어. 넌 결코 이렇게 살 놈이 아니야. 난 알아! 너도 이렇게 살고 싶어하지 않는다는 걸……. 자신을 속이지 마! 아무리 아니라고 해도 넌 너의 인생이 있어. 사람으로 태어났으면 자기 값어치를 하고 살아야 돼!' 대략 이런 이야기였어요. 그런데 왜 그랬을까요? 그 말을 듣는 순간 그만 눈물보가 터져버렸어요. 대성통곡을 했어요. 한참을 엉엉 소리내며 울었죠. 그리고 그날 이후 내 삶은 완전히 달라졌어요."

그는 뒤늦게 우등생이 되었다. 대학을 졸업하고 대기업에서 일하던 그는 언제부턴가 선생님 생각이 계속 났다고 한다. 그리고 자신도 고등학교 은사님처럼 사람들을 변화시키는 일을 하고 싶어 그 일을 준비한다고 했다.

실천지침

게으름으로 뒷걸음질치지 않는 방법

1. 실패라는 인식을 버리고 재시도를 하라

앞에서 이야기한 것처럼 잘못은 언제든 충분히 발생할 수 있는 일입니다. 왜 실수했는지 분석하고 그 한계를 보완하여 다시 시도하십시오.

2. 멈춤 신호를 만들어라

게으름은 늪과 같습니다. 초기에는 빠져나올 수 있지만 어느 정도 몸이 잠기고 나면 몸부림칠수록 더 깊이 빠져듭니다. 그렇기에 초기에 '멈춰!'라고 외치는 행동이 필요합니다. 정말 외쳐야 합니다. 그냥 큰 소리를 지를 수도 있지만, 구체적으로 어떻게 하는 것이 좋을지는 우리 스스로 정해야 합니다.

예를 들면 어떤 사람은 팔목에 고무밴드를 끼고 있다가 게을러지면 이를 팅기며 '멈춰!'라고 이야기합니다. 또 어떤 사람은 엄지손톱에 사인펜으로 큰 점을 그려 넣으면서 잠시 마음을 환기시킴으로써 그 점을 '멈춤'의 의미로 삼기도 합니다. 멈춤의 의미를 담은 특정 소품을 핸드폰에 매달아도 좋습니다. 어떤 회사의 대표는 망했던 전 회사의 도장을 늘 품에 지니고 다닌다고 합니다. 마음이 느슨해질 때마다 그 도장을 보며 마음을 조이는 것이지요.

중요한 것은 의식의 환기입니다. 꾸물꾸물한 기분과 부정적인 사고로 꽉 차 있을 때 이런 식으로 한쪽에 구멍을 내어 신선한 공기를 환기시켜줄 필요가 있습니다. 이러한 행위들이 어쩌면 장난처럼 보일지 몰라도 그 속에 온전히 마음을 담아낸다면 분명 많은 것이 달라질 것입니다.

3. 상황을 반전시켜라

1) 반전의 독백을 만들어라

오프라 윈프리는 어릴 적부터 안 좋은 상황에서 "그래서? 그게 어쨌는데?"라는 혼잣말을 많이 했다고 합니다. 상황을 반전시키는 자신만의 독백이지요. 우리에게도 이러한 독백이 필요합니다.

'그럼에도 불구하고~'라거나 '하지만~'과 같은 반전의 단어를 품고 다니면 좋습니다. 게으름에 빠질 것 같은 상황이 닥치면 이렇게 속삭이는 겁니다. '안 좋은 상황이다. 나는 다시 아무것도 하기 싫다. 하지만 나에게는 지켜야 할 나와의 약속이 있다.'

2) 반전 카드를 읽어라

반전 카드란 과거의 상처나 실패가 자극되어 부정적인 생각이 들 때 이를 반전시킬 만한 신념을 적은 종이 카드를 말합니다. 자세한 요령은 뒤에 다시 소개하겠습니다. 다시 게으름에 빠지기 쉬운 부정적 상황이라면 수첩이나 지갑에 있는 반전 카드를 꺼내 한번 읽어보십시오. 기분이 한결 달라지는 것을 느낄 수 있습니다.

3) 멘탈 스위치를 만들어라

멘탈 스위치mental switch는 마음이 부정적으로 변했을 때 과거나 미래의 긍정적 장면을 연상하여 기분을 전환시켜주는 것을 말합니다. 형광등의 스위치를 끄고 켜듯이, 부정적인 마음이 들면 그 상황을 잠시 끄고 긍정적인 마음을 켜는 것입니다.

긍정적 장면은 과거여도 좋고 미래여도 좋습니다. 과거를 예로 든다면, 긍정적 성취 경험이나 도전정신이 충만했던 상황을 떠올리십시오. 중요한 것은 머리로 기억하는 것이 아니라 몸으로 기억해내는 것입니다. 이를 위해서는 오감을 동원하는 것이 필수적이며 최고조의 순간에 다다를 때 이를 하나의 신호로 연결시키는 것이 중요합니다. 말하자면 조건화를 시도하는 것입니다.

일부 스포츠 선수들의 경우, 매번 경기에 임할 때 똑같은 동작을 반복함으로써 마음을 진정시키고 최적의 몸 상태를 끌어냅니다. 이를

'routine performance'라고 하고 줄여서 'routine'이라고도 표현합니다. 배트나 라켓으로 바닥을 치기도 하고 정해진 숫자대로 볼을 튀기기도 하는 등 자신만의 짧은 동작이 있습니다.

예를 들어 어떤 프로 테니스 선수의 경우에는 서브를 넣기 전에 라켓으로 공을 몇 번 두드리면서 그 짧은 시간 동안 서브가 상대방이 손 쓸 수 없는 코스로 날아갔던 이전 경험을 떠올립니다. 이때는 머리로 떠올리는 것이 아니라 '몸으로 떠올리는 것'입니다. 서비스 에이스를 기록했던 최적의 몸 상태를 기억해내 현재의 몸을 그때의 상태로 가져가는 것이지요. 우수한 선수들일수록 경기가 불리하게 흘러가더라도 이러한 짧은 의식전환을 통해 페이스를 잃지 않고 자신의 컨디션을 끌어올립니다.

변화를 결심하고 나서도 우리는 여러 가지 어려움에 부딪혀서 다시 쉽게 게으름 모드로 전환하곤 합니다. 이때 우리는 '멘탈 스위치'를 이용하여 부정적인 상태를 끄고 좋은 컨디션을 회복할 수 있어야 합니다.

예를 들어 웅변대회에 나가 상을 탔던 기억이 가장 긍정적 성취경험이었다고 해봅시다. 그렇다면 오감을 동원하여 눈앞에 펼쳐진 풍경, 청중들의 소리, 몸의 긴장, 손에서 나는 땀, 제스처 등을 기억해낸 다음 자신감이 절정에 달할 때 그 순간을 하나의 몸짓으로 상징화시키십시

오. 이를테면 두 손가락으로 '딱' 소리를 내는 식으로 말입니다. 이 몸
짓과 소리는 나와 뇌의 약속입니다. 내가 힘이 필요할 때 손가락으로
소리를 내면 뇌는 웅변대회 당시의 절정감을 기억해달라는 약속인 것
입니다. 물론 이렇게 조건화가 되려면 반복해야 합니다. 나중에는 손
가락으로 '딱!' 소리만 내도 순간적인 의식의 전환이 이루어질 수 있
게 말입니다.

06 나로서 살아가라

나의 일생은 무의식을 실현해가는 과정이다.
우리에게 보이는 것은 말라버릴 꽃뿐이다.
그러나 숨어 있는 뿌리는 마르지 않고 언제나 살아 있다.

— 칼 구스타프 융

●●● 현대는 자기실현의 시대

예부터 우리 선조들은 "일찍 일어나는 새가 벌레를 잡는다" "부지런하면 밥은 빌어먹지 않는다"와 같은 이야기를 많이 하곤 했다. 부지런하면 먹고사는 데는 지장이 없을 것이라는 말이다. 물론 부지런하면 먹고살 수는 있다. 그러나 세상은 변했다. 우리는 더 이상 먹고사는 것만을 해결하기 위해 살지 않는다. 1993년 노벨 경제학상을 수상한 로버트 윌리엄 포겔Robert William Fogel은 시대적 변화를 이렇게 표현했다.

무엇으로 살 것인가의 문제는 해결되었지만 무엇을 위해 살 것인가는 해결되지 못했다. 삶의 수단은 있으나 삶의 목적은 없다. 물질적 풍요는 극소수 사람들이 자기실현을 추구하던 상황을, 거의 모든 사람들이 이를 추구할 수 있는 상황으로 변화시켰다. 정신적 불평등은 이제 물질적 불평등만큼이나, 아니 어쩌면 그보다 더 큰 문제가 되었다.

물론 음식을 남겨가며 살을 빼려고 하는 사람들의 수만큼이나 절대빈곤에 허덕이는 사람들도 많다. 그렇다면 포겔의 주장은 사치스러운 것인가? 그렇지 않다. 사람이라면 누구나 생존 이상의 의미와 목적을 갖고 살아가야 한다. 우리는 분명 과거보다 더 자주 삶의 의미와 목적을 묻는 세상에 살고 있다. 그것은 우리가 원해서가 아니라 세상이 그렇게 바뀌어가고 있기 때문이다.

미국 카네기멜론대학 경제개발학 교수인 리처드 플로리다는 우리 시대의 경제를 '창조경제 Creative Economy'라고 표현한 바 있다. 그는 시장에서 이익을 낳는 결정적 원천이 바로 창조성이며, 창조성은 경제뿐 아니라 사회의 전 영역에서 빠르게 부상하고 있다고 강조했다. 이제 정보 자체는 원료 이상의 가치가 없다. 쏟아지는 정보의 홍수 속에서 이를 선별하고 통합하고 재가공하여 창의적인 아이디어로 만들어내는 것이 관건이다.

사회는 이제 더 이상 '근면'과 '성실'을 원하지 않는다. '창의적 정신'을 요구하고 있으며 이를 측정하려 든다. 이러한 시대적 변화는 삶의 방향에도 많은 영향을 미치고 있다. '획일화된 조직인간'에서 벗어나 '창의적 개인'으로 살아가려는 욕구가 늘고 있는 것이다. 그렇기에 자기실현은 지혜로운 자들의 전유물이 아니다. 그것은 창조경제를 살아가는 누구에게나 요구되는 숙제와 같은 것이다. 그것은 정답도 없고 누군가에게 검사를 받을 필요도 없다. 마감시한 따위는 더더욱 없다. 자기실현의 과제 앞에 남녀와 노장^{老壯}의 구분도 있을 수 없다.

●●· 흉내내는 삶의 고통

이렇듯 시대는 바뀌었고 우리에게는 새로운 모델이 요구되고 있다. 단지 게으름을 벗어나는 것이 우리 삶의 목적이 아니다. 부지런한 인간도 우리의 역할모델이 아니다. 그렇다면 우리가 지향해야 할 것은 무엇일까? 그것은 충만한 삶이다. 충만한 삶은 억지에서 벗어나 순리를 따를 때 비로소 가능하다. 개인의 삶에서 순리란 '자기로서 살아가는 것'을 말한다. 그럴 때 삶은 긍정적인 에너지와 기쁨으로 차오른다. 미국의 흑인 영화배우 힐리 베리는 어느 인터뷰에서 이런 이야기를 했다.

어린 시절, 난 하얀 피부를 갖는 것이 가장 큰 소원이었죠. 늘 까만 피부를 치유해달라고 기도했어요. 피부를 하얗게 바꿔줄 마법의 약을 찾아다닌 적도 있어요. 그러나 나이를 먹으면서 그것은 말도 안 되는 난센스라는 걸 알았죠. 피부색의 차이는 결함이 아니기 때문에 당연히 치유의 대상이 아니잖아요. 자신을 있는 그대로 받아들이는 게 중요하죠.

이 인터뷰 기사를 읽고 나는 정신과 의사이자 혁명가였던 프란츠 파농이 떠올랐다. 파농은 그의 나라 알제리 사람들이 앓고 있는 정신질환의 근본문제는 "흑인이 흑인임을 인정하지 못하고 백인처럼 살고 싶은 허위의식에서 비롯된 자기분열!"이라고 지적했다. 정신질환의 생물학적 원인들이 하나둘씩 밝혀지고 있지만 그의 이야기는 여전히 유효하다고 본다. 정신과를 찾는 사람들에게서 파농이 말한 진실은 수도 없이 확인되기 때문이다.

나는 진료실에서 다양한 정신적 고통에 시달리는 사람들을 만난다. 그 수많은 정신적 고통 너머에는 공통점들이 있다. 그 중 하나는 바로 '자기로서 살지 못하는 삶'이 준 고통이다. 획일적 성공과 외적 성취만이 강조되는 경쟁 사회에서 우리는 내면의 소리를 놓치기 쉽다. 자신의 색깔을 잃어버린 채 남의 뒤를 쫓아가곤 한다. 결국 '내면의 나'와 '외면의 나'는 한없이 멀어진다. 본디 외로움은 사람들로부터 멀어졌다고 느낄 때 찾아온다. 하지만 보다 본질적인 외로움은 분열된 내가 한없이 멀어져 서로 만날 수 없을 때 찾아온다. 진짜 자신을 잃어버린 것 같은 상실감은 끝내 우리를 주저앉히고 만다.

'자기로서 살지 못하는 삶!' 나는 이를 세상에서 가장 큰 스트레스라고 생각한다. 지난날 나의 삶이 그랬고 진료실에서 만난 많은 사람들이 그러했다. 자신이 아닌 남이 되고 싶어했고, 자신에게 없는 것을 늘 부러워했다. 어제와 오늘의 자신을 비교하지 않고 끊임없이 남과 자신을 비교하려 들었다. 그렇기에 우리는 스스로 열등하거나 뒤처졌다고 생각했고, 앞서가는 누군가를 붙잡으려 노력했다.

하지만 뒤쫓아가는 삶은 자신의 강점과 열정을 살리기보다는 상대의 강점을 흉내내게 만든다. 그리고 결국 흉내내는 삶은 우리를 주저앉게 만든다. 게을러지고 마는 것이다. 반대로 내면의 목소리를 외면하지 않는 사람은 게으를 수 없다. 그들은 더 나은 삶을 위해 어제의 자신과 경쟁할 뿐이다. 우리는 이제 추격전에서 벗어나야 한다. 우리가 느끼는 열등감은 허위의식일 뿐이다. 그것은 처음부터 허위였다. 진실은 이렇다. 나는 열등하지도 우월하지도 않다. 그저 '나'일 뿐!

●●● 진정한 평화를 찾아서

심리학에서는 자기실현의 결핍과 정서장애 사이의 관련성을 인정한다. 자기실현 척도가 낮은 사람들은 자신에 대해 혼란스러워하고, 자신의 일에 관심이 없으며, 자신을 무가치하게 느끼기 쉽다. 자기실현의 결핍은 우울증 증상들과도 유사하다. 정서지능의 척도를 개발한 바 있는 심리학자 루벤 바온Reuven Bar-On 박사에 의하면, 역으로 자기실현이 사람들의 정서 문제를 회복시키고, 심근경색과 같은 질환의 회복을 돕는다는 연구 결과를 발표하기도 했다.

결국 사람은 뻗어나려는 것들을 잘 자라게 해줄 때 편안해진다. 그것은 마치 무속에서 말하는 신병神病과도 비슷하다. 신병에 걸리면 사람은 갑자기 앓기 시작하여 몸과 마음이 시달림을 받는데 이때는 백약이 소용 없다. 하지만 내림굿이라는 의례를 거쳐 무당이 되면 그 동안 앓던 병이 거짓말처럼 사라지게 된다. 마찬가지로 우리는 자기로서 살지 못할 때 몸과 마음에 병이 든다. 그리고 다시금 자기로서 살아갈 때 병이 낫는다.

로마제국의 황제이자 스토아 철학의 대표적 철학자인 마르쿠스 아우렐리우스는 우주가 부여한 본성을 잘 받아들일 때 마음의 평정이 찾아온다고 설파했다. 자신 안에 깃든 것 중에서 가장 강력한 것을 존중하며 살아간다면, 어떤 재앙이 덮쳐도 영혼은 이를 이겨나갈 수 있다는 것이다. 그는 자신의 책 《명상록》에서 이렇게 이야기한다.

마음의 평정이란 '보편적 자연(본성)에 의해 나에게 할당된 것을 자발적으로 받아들이는 일'이다. 그때 모든 것은 나와 조화를 이루고 우주와 조화를 이룬다. 나에게는 너무 빠른 것도 너무 늦은 것도 없으며 그것은 그대 우주에 적합한 시간이다. 이 세상에서 훌륭한 기질이란 그것이 진지하기만 하다면, 아무것도 그것을 이길 수가 없다. (… 중략 …) 내 안에 있는 것들 가운데 가장 강력한 것을 존중하라. 그것은 우주 안의 가장 강력한 것과 동족이다. 내 안에서 그것은 다른 것들을 모두 이용하고, 내 삶은 그것의 지배를 받기 때문이다.

인간은 다른 동물들과 비교해 가장 불완전한 상태로 세상에 태어난다. 그래서 어머니 젖가슴에 오래 매달려 있어야 하고 집을 떠나 독립하기까지 많은 시간이 필요하다. 현대에 와서는 갈수록 그 기간이 늘어나고 있다. 이제는 장장 30여 년이나 부모의 도움을 필요로 한다. 게다가 인간은 정신적 생존을 위해 타인의 인정과 애정을 절대적으로 갈구하는 존재이기도 하다. 그렇기에 인간은 애초부터 타인의 시선과 요구에 민감할 수밖에 없다. 그러나 타인의 시선과 평가를 지나치게 의식하면 우리는 게을러지기 쉽다. 자신의 삶을 살아가지 못하고 주위의 요구와 기대에 이끌려 살아가기 때문이다.

결국 자기 내면의 목소리에 충실한 삶이야말로 게으름에 대한 확실한 처방이다. 자기중심적인 삶이 아닌 자기실현의 삶 말이다.

일찍이 정신의학자 칼 융은 '자기로서 살아가는 삶'을 '자기실현'이라고 표현했다. 그는 인격의 성숙을 위해 자기실현을 하는 것이 아님을 명확히 했다. 삶이 이를 원할 뿐이며, 자기실현은 결코 군자나 초인이 되라는 요구가 아니라는 것이다. 하지만 우리는 자기실현이란 평범한 사람들은 도달할 수 없는 도통한 경지를 일컫는다고 생각하기 쉽다. 혹은 이기적인 삶을 살아가라는 뜻으로 오해하기도 한다. 하지만 자기실현이란 자신이 좋아하고 잘하는 것을 즐기며 살아가는 삶을 말한다. 자기실현의 삶을 사는 사람들에게는 지위, 부, 명예와 같은 외적 동기가 중요한 것이 아니라 내적 만족이 우선이다. 하고 싶고 잘할 수 있는 것을 하기에 이들의 에너지는 집중되어 있고 일상에서 몰입의 순간을 자주 경험한다.

●●· 자기 자신으로 살아가는 지혜

심리학자 매슬로우는 1935년에 3천 명의 대학생을 대상으로 자기실현의 삶을 사는 사람들의 특성에 대한 연구를 시작했다. 하지만 엄격한 기준으로 인해 연구에 적합한 대상을 겨우 한 사람밖에 못 찾자 연구를 포기했다. 이후 그는 주변 인물과 역사적 인물들 중에서 자기실현을 이루었다고 판단되는 60명을 선정해서 그들의 성격구조를 깊이 있게 조사했다. 그가 조사한 인물들에는 간디, 링컨, 아인슈타인, 토머스 제퍼슨, 스피노자 등이 포함되었는데, 그 선택 기준이 다분히 주관적이라는 한계가 있었다. 그럼에도 불구하고 그의 연구 결과는 핵심을 제대로 짚어내고 있다. 그는 자기실현자들의 특성을 다음과 같이 정리했다.

■ 자기실현을 이룬 사람들의 공통적 특성

1. 현실 중심적reality-oriented이다.
2. 문제해결 능력이 강하다. 어려움과 역경을 문제해결을 위한 기회로 삼는다.
3. 수단과 목적을 구분한다. 목적으로 수단을 정당화하지 않으며 과정이 결과보다 더 중요할 수 있다고 생각한다.
4. 남들과 함께하면서도 혼자 있는 것을 즐긴다.
5. 환경과 문화에 영향을 잘 받지 않으며 자신의 경험과 판단에 더 의존한다.
6. 사회적 압력에 굴하지 않고 순응적으로만 살지 않는다.
7. 민주적인 가치를 존중하며 다양성과 개방성을 중시한다.
8. 인간적이며 사회적 관심을 유지한다.
9. 넓고 피상적인 관계보다는 깊은 인간관계를 갖는다.
10. 공격적이지 않은 유머를 즐긴다.
11. 자신과 남을 있는 그대로 받아들인다. 남을 가르치거나 바꾸려 하지

않고 자신에게 해가 되지 않는 한 있는 그대로 둔다.

12. 자연스러움과 간결함을 좋아한다.

13. 풍부한 감성을 갖고 있다. 주위의 평범한 사물도 놀라움으로 바라볼
수 있다.

14. 창의적이다.

15. 절정경험peak experience을 추구하고 그 순간 초월적인 기쁨과 자유
를 느낀다.

여기까지 읽다보면, 자기실현이 결국 위인이나 성인들만의 일처럼 아득히 멀게만 느껴질지 모르겠다. 특히 스스로 재능이 없고 하고 싶은 일이 무엇인지도 모른다고 생각한다면, 더더욱 와 닿지 않을 수도 있다. 하지만 당신이 게으르다고 생각한다면 이 문제를 집요하게 파고들어야 한다. 그 과정에서 게으름을 벗어날 에너지가 만들어지기 때문이다. 자기로서 살아가기 위해 꼭 필요한 사항들을 알아보자.

1 │ 자신의 재능과 강점, 성격을 파악하라

살다보면 하고 싶은 것이 참 많다. 그 중에는 잘할 수 있는 것도 있지만 안타깝게도 잘할 수 없는 것도 많다. 재능이 없는 일은 아무리 열심히 해도 한계가 있기 마련이다. 그러므로 열정만 갖고는 자기로서 살아갈 수 없다. 열정과 재능이 만날 때, 즉 하고 싶은 것과

잘할 수 있는 것이 만날 때 가장 큰 시너지가 발휘된다. 어떤 이들은 타고난 재능이 워낙 탁월하여 애써 찾지 않아도 제 모습을 드러내지만, 어떤 이들은 자신의 재능이 무엇인지 잘 알지 못한다. 대부분의 사람들은 부지런히 갈고 닦아야 비로소 빛이 날 정도의 원석만을 가지고 세상에 태어나기 때문이다. 그렇기에 세상에 가지고 나온 원석이 무엇인지를 찾고 계발하는 노력이 중요하다.

유태인들은 그들의 자녀가 태어나면 그들의 신이 3천여 개의 달란트 중에서 무엇인가를 반드시 함께 보낸다고 믿는다. 그래서 자녀교육의 목적이 그 재능을 발견하여 꽃 피우도록 하는 데 있다고 한다. 그에 비해 우리의 교육은 각자의 재능을 계발하기보다는 사회가 필요로 하는 재능을 갖추도록 하는 데 힘써왔다. 그렇기에 우리는 자신의 재능이 무엇인지에 대해 진지하게 탐색하지 못한 채 자라온 것이 사실이다. 하지만 늦게라도 찾아야 한다. 원석이 없다면 무엇을 가지고 가공할 것인가!

재능은 에너지가 흐를 때 가장 저항이 적은 회로에 비유할 수 있다. 그렇기에 같은 노력으로 가장 높은 성과를 낼 수 있다. 자신의 타고난 재능이 궁금하다면 하워드 가드너의 '다중지능이론'을 소개한 책을 보는 것이 좋다. 직접 쓴 책도 있고 대상연령과 우리나라의 현실에 맞게 국내 학자가 풀어 쓴 책도 있다.

자신의 강점에 대해 알고 싶다면 긍정심리학의 창시자인 마틴 셀

리그만의《완전한 행복》과 갤럽 임원진이 펴낸《위대한 나의 발견, 강점 혁명》이라는 책을 참조해도 좋다. 두 권 중에 하나만 보더라도 자신의 강점 파악을 위한 테스트를 받을 수 있다. 그리고 구직과 경력 전환 전문 상담가인 리처드 N. 볼스의《당신의 파라슈트는 어떤 색깔입니까?》라는 책은, 자신의 소질을 파악해 이를 일과 연결짓는 방법을 소개한다.

자신의 강점과 재능을 어떤 대상에 어떻게 적용하고 계발할지를 판단하려면 무엇보다도 자신의 성격을 이해해야 한다. 검사가 모든 것을 말해주지는 않지만, 자기이해를 높이는 데 유용한 도구로 쓰일 수는 있다. MBTI와 애니어그램은 가장 널리 알려진 검사이다. 혈액형처럼 무슨 유형인지가 중요한 것이 아니라 전문가를 통해 제대로 된 검사와 해석을 받는 것이 중요하다.

2 ┃ 자신 안에 들어 있는 것을 직접 꺼내보라

심리, 성격, 적성 검사만을 통해 자신의 적성과 일을 찾는 것은 결코 쉽지 않다. 가장 좋은 방법은 자신 안에 있는 것들을 꺼내보는 것이다. 지금까지의 삶을 돌아보며 긍정적 성취와 도전 경험을 잘 분석해볼 필요가 있다. 당신을 흥분시킨 것이 무엇이었는지, 당신이 몰입한 것은 무엇이었는지, 사람들은 당신의 어떤 면을 칭찬해주었는지, 어려움을 극복하고 끝까지 해낸 일은 무엇인지, 남보다 더 빠른 속도로 배웠던 일은 무엇인지 등, 과거의 경험을 철저하게 뒤적거려봐야 한다. 그리고 다양한 경험과 도전을 통해 이를 확인해보는 일이 절대적으로 필요하다.

사실 인생 다막多幕 시대를 준비하려면, 1막의 목표는 자신의 재능과 강점을 찾는 것이 되어야 한다. 말 그대로 '내 안에 무엇이 들어 있는지 꺼내 확인하는 것'이 중요하다. 무엇이 있는지 확인하라는 말은 무엇이 없는지 깨닫고 이를 인정하라는 말이다. 적어도 인생의 2막에서는 더 이상 가질 수 없는 것에 대한 미련으로 발버둥쳐서는 안 되기 때문이다.

3 | 행복감과 낙관성, 자기응시 능력을 높이기 위한 훈련을 하라

조셉 키아로치Joseph Ciarrochi가 쓴 《정서지능》을 보면 자기실현의 척도로 다음 8가지가 소개된다. 행복감, 낙관성, 자기응시, 독립성, 문제해결 능력, 사회적 책임감, 자기주장, 정서 자각이 바로 그것이다. 자기실현 능력은 인지능력IQ보다는 정서지능EQ에 달려 있다는 것이 학자들의 공통된 의견이다. 8가지 요인들이 자기실현의 정도를 파악할 수 있는 60퍼센트의 요소들이며 나머지 40퍼센트는 지능, 교육, 경험 등의 요소에 의해 좌우된다고 보았다. 그 중에서도 상위 세 가지인 행복감, 낙관성, 자기응시를 특히 강조했다. 자기실현을 하려면 자기동기self-motivation가 강해야 하는데, 이는 행복감과 낙관성, 그리고 자기응시의 조화에서 나오기 때문이다.

결국 아무리 재능을 가지고 태어났더라도 부정적이고 수동적인 삶의 태도를 지니고 있다면 재능은 강점이 되지 못한다. 스포츠 선수나 연예인들을 보면 끼와 재능은 넘치지만 자기관리를 잘하지 못해서 제대로 피어나지도 못한 채 잊혀지고 마는 경우를 흔히 볼 수 있다. 반대로 타고난 재능은 없지만 일관되고 지속적인 노력으로 자신의 분야에서 최고의 자리를 유지하는 사람들을 보면, 긍정적이고 실천적인 삶의 태도가 얼마만큼 중요한지 알 수 있다. 재능은 바꿀 수 없지만 삶의 태도는 바꿀 수 있음을 명심하라!

4 자신에게 맞는 최적의 일을 찾아라

자신의 성격과 강점과 재능을 파악했다면 이를 어떻게 일로 연결시킬지를 고민해야 한다. 삶이란 늘 구체성을 담보해야 하고, 그 구체성의 중심은 일이다. 자기실현의 요체는 결국 일로 표현된다. 그렇기에 일은 일 이상의 의미를 지닌다. 생계나 밥벌이의 수단을 뛰어넘어 일은 자신을 드러내는 가장 중요한 실체가 되는 것이다. 칼릴 지브란은 자신의 책《예언자》에서 "일은 사랑이 가시화된 것"이라고 표현했다. 비슷한 이야기이지만 나는 그 표현을 조금 달리해서 '일은 한 사람의 정신이 가시화된 것'이라 말하고 싶다. 'visualized spirit!' 이것이 일에 대한 나의 정의이다.

하지만 정의보다 중요한 건 그 일을 찾는 것이다. 그런 의미에서 좋아하는 일을 찾는 것은 남녀관계와 비슷한 것 같다. 어느 날 사랑할 수밖에 없는 사람이 당신 앞에 나타나 사랑고백을 하는 일이 흔치 않듯, 좋아하는 일이 당신을 먼저 찾아와주지는 않는다. 그럼 어떻게 해야 할까? 찾아 헤매야 한다. 그것은 딱 맞는 반쪽을 찾는 것이라기보다는 당신과 잘 어울리는 사람을 찾는 것에 가깝다. 처음부터 딱 들어맞는 일이란 없다. 다만 당신이 좋아하는 일을 하겠다는 마음으로 노력한다면 결국 만날 수 있다고 믿는다.

21세기 창조경제에서는 단기간에 새로운 일이 떠오르고 또 사라진다. 때문에 일에 당신을 맞추지 말고 당신에게 맞는 일을 찾고 만들어나가는 자세가 요구된다. 몇 퍼센트 안에 드느냐가 중요한 것이 아니라, 자신이 가장 어울리는 곳으로 나아가는 것이 중요하다. 최고의 삶best life이란 최상의 삶highest life이 아니라 최적의 삶optimal life임을 상기하자. 나는 어디에 서 있어야 가장 빛날까?

■ 최적의 일을 찾기 위한 10가지 질문

가슴이 원하는 일을 찾기 위해선 끊임없이 스스로에게 묻고 답해야 한다. 아래의 질문들 가운데 앞의 네 가지 질문은 '변환관리 Managing Transitions'의 창시자인 윌리엄 브리지스의 책 《나와 회사》에서 인용한 것임을 밝혀둔다.

1. 내가 원하는 것은 무엇인가?

2. 내가 할 수 있는 것은 무엇인가?

3. 나는 어떤 성격의 인물인가?

4. 내가 가진 유형 및 무형의 자산은 무엇인가?

5. 나의 존재가 가장 어울리는 곳은 어디인가?

6. 나의 고객은 누구인가? 나는 그들에게 어떤 의미와 가치를 줄 수 있는가?

7. 나의 재능을 꽃 피우기 위해 장기적으로 투자해야 할 부분은 무엇인가?

8. 일의 어떤 점이 나에게 즐거움을 주는가?

9. 지금 일은 원하는 일을 하기 위한 디딤돌이 되고 있는가?

10. 만일 실패하지 않는다는 보장이 주어진다면 나는 지금 무엇을 할 것
    인가?

07 게으름에서 벗어나는 10가지 열쇠

우리가 인생을 한 곳에 묶어두고
거기에 친숙해지는 순간 무기력감이 우리를 덮쳐온다.
언제나 떠나고 방황할 자세가 된 사람만이
'습관'이라는 마비 상태에서 벗어날 수 있다.
어쩌면 죽음의 순간마저도
우리에게 새로운 젊은 공간을 보내리라.
우리를 향한 삶의 부름은 결코 그침이 없으리라.

— 헤르만 헤세, 〈삶의 단계〉 중에서

게으름에서 벗어나 새로운 세상으로 날아가려면 튼튼한 한 쌍의 날개가 필요하다. 그 중 한쪽 날개는 삶의 지향성을 의미한다. 그것은 내일 무엇을 할 것인지, 올해 무엇을 할 것인지 계획을 세우라는 뜻이 아니다. 긴 안목으로 인생의 밑그림을 그리라는 말이다. 그 밑그림은 자신의 성격, 재능, 강점을 물감 삼아 열정의 붓으로 가슴이라는 캔버스에 그려야 한다. 그래서 자신의 개성이 물씬 배어나는, 어디에도 없는 밑그림이 나와야 한다.

그렇다면 또 하나의 날개는 무엇일까? 바로 지향성을 잃지 않도록 늘 삶을 점검하고 변화의 마음을 리마인드remind 하는 것이다. 이를 위해 우리는 '자기점검의 질'을 높여야 한다. 이번 장에서는 한 쌍의 날개를 중심으로 구체적 실천지침을 소개하고자 한다.

그 전에 한 가지 당부의 말을 드리고 싶다. 사실 게으름에서 탈출하기 위한 10가지 열쇠, 즉 실천지침들은 게으른 사람들이 따라하기에는 너무나 버거운 것이 사실이다. 그렇기 때문에 다 따라할 필요가 없다. 아니, 그래서는 안 된다. 일단 책을 읽다가 마음이 머무는 곳에서 멈춰 설 것을 권한다. 그리고 그 열쇠에 해당되는 실천지침들을 세밀하게 읽으면서 이를 어떻게 자신의 문제에 접목시킬 수 있을지 고민하길 바란다. 더불어 그 고민을 어떻게 작은 실천으로 이어갈 수 있을지 스스로의 다짐과 계획을 기록하길 당부드린다.

Key 1
게으름에 대해 자각하라

문제에서 빠져나오기 위한 첫 번째 원칙은 '내게 문제가 있다'는 점을 전적으로 인정하는 것이다. 이 당연한 사실을 새삼스럽게 언급하는 것은, 그만큼 우리가 우리 자신의 문제를 인정하려 하지 않기 때문이다. 인간에게는 어떠한 잘못도 합리화시켜버리는 능력이 있다. 설사 잘못을 인정하더라도 부분적으로만 인정하거나 상황 때문에 어쩔 수 없었다며 불가피성을 강조하는 경우가 많다. 그러나

이 같은 이중적 태도야말로 문제를 더 크게 키우는 대표적 오류임을 알아야 한다.

나는 정신과 의사로서 많은 중독환자들을 보아왔다. 놀랍게도 중독자의 다수는 중독 행위를 문제라고 인정하지 않거나, 인정하더라도 이중적인 태도를 보인다. 예를 들면 "나는 날마다 술을 마시지는 않아. 안 마시려고 하면 며칠이고 안 마시니까 중독이 아니야!"라는 식으로 부정한다. 그리고 수차례 재발하여 재입원을 하면서도 "내가 술을 많이 마시는 건 인정해. 하지만 남자가 사회생활 하다보면 술로 스트레스를 풀기 마련이고, 그러다보면 실수 한두 번 정도안 하는 사람이 어디 있어!"라며 이중적인 태도를 보인다. 과연 자신의 문제에 대하여 부정, 축소, 합리화 등을 하면서 중독에서 벗어날 수 있을까? 그러므로 자신의 문제를 문제로 받아들이는 것이야말로 중독 회복의 진정한 출발점인 것이다.

그렇다면 게으름의 경우는 어떤가? 우리는 흔히 할 일을 다 하지 못했을 때 '난 게을러!'라고 이야기한다. 하지만 그것은 상투적 표현일 뿐이고 사실 마음속으로는 자신이 게으르지 않다고 생각하기 쉽다. 왜냐하면 아무 일도 하지 않고 뒹굴뒹굴 놀았던 것이 아니라 덜 중요한 일이지만 나름내로 무언가를 하느라 시간을 보냈기 때문이다. 무언가를 했다는 사실은 늘 우리를 덜 부끄럽게 만들고 덜 불안하게 만든다.

또 어떤 사람들은 여유를 스스로 선택한 것도 아니면서 자신의 게으름을 '재충전을 위한 휴식'이라고 미화한다. 하지만 앞에서 이야기한 것처럼 '맹목적 부지런함'과 '회피성 시간 공백'은 결국 모두 게으름이다. 사소하고 중요하지 않은 일에 시간과 노력을 기울이면서 게으르지 않다고 생각하는 것은 착각이다. 그런 사람들은 결국 언젠가는 벽에 부딪치고 만다. 그리고 그때 비로소 방향 없는 노력과 초점 없는 과제가 얼마나 사람을 소진시키고 삶을 빛 바래게 하는지 깨닫는다. 그렇다면 어떻게 해야 게으름을 있는 그대로 인정하고 자각할 수 있을까?

1 | 미래에 서서 오늘을 바라보라

게으른 사람들은 과도한 미래의 불안 때문에 지금 당장 주어진 일조차 못하는 사람이거나 반대로 미래에 대한 위기의식을 느끼지 못하고 현재의 편안함에 빠져 있는 사람들이다. 언뜻 상반되어 보이지만 시간이 지나면 지날수록 점점 비슷해진다. 이들은 점점 미래를 떠올리지 않는다. 괴롭기 때문이다. 미래를 생각하면 골치가 아프고 답답해지니까 자꾸 그러한 생각마저도 미뤄버리고 피해버린다. 이를 적극 도와주는 것이 바로 중독이다. 그러므로 게으른 삶에는 '미래'라는 시제가 배제되어 있기 쉽다.

그러나 인간의 의식을 동물과 구분짓는 본질적 특징은 '자의식'

과 '미래인식'에 있는 법이다. 그러므로 우리는 아무리 외면해도 미래를 마냥 잊고 살 수 없다. 그 계기는 때로는 아주 우연처럼 나타날 때도 있다. 한 알코올 중독자는 어느 날 딸아이의 눈망울을 보면서 거짓말처럼 '이 아이의 미래를 위해서라도 더 이상 이렇게 살아서는 안 되겠다!'는 각성을 했다. 이것은 우연일까? 왜 하필 그 시간에 그러한 생각이 들었을까? 그런 각성의 순간이 있기까지 그럴 수밖에 없는 여러 사건과 마음의 흐름이 이미 존재하고 있었을 것이다. 그 마음이 어느 날 딸아이의 눈망울로 옮겨가 하나의 계기가 만들어졌을 뿐이다.

이렇듯 변화의 계기는 멀리 있거나 대단한 것이 아닐 수 있다. 우리가 변화하기 위해 불행이 절대적으로 필요한 것만도 아니다. 프랑스 시인 발레리는 일상에 숨겨진 변화의 계기를 이렇게 표현하기도 했다. "바람이 분다. 살아야겠다!" 우리는 얼마든지 미래를 떠올리며 변화의 계기를 만들 수 있다. 그래서 '미래에 서서 오늘을 바라보는' 시점의 전환이 필요하다. 오늘의 삶 속에 미래를 보다 깊숙이 초대하는 것이 필요하다.

이를 위해서는 유언장을 미리 써보거나 자신의 장례식을 스스로 기획해보거나 미래의 시점에 미리 가서 자서전을 써보는 것이 좋다. 사람은 죽음에 좀더 근접한 경험을 할수록 변화하게 되어 있기 때문이다. 죽음과 가까워지면 삶에서 무엇이 중요한지가 명백해진다. 현실에 미래가 공존하게 되면 평범한 일상도 변화의 계기로 넘실거리게 된다. 산에 올라가서 세상을 바라보면 사소한 번민이 씻겨나가듯, 자신의 삶을 미래의 시점이나 타인의 시선에서 바라볼 경우 문제가 더욱 또렷해지고 그만큼 해결책도 또렷해지기 때문이다.

2 │ 게으름에 대한 책임과 폐해를 '전면적'으로 인정하라

너무 당연한 말일까? 하지만 의외로 많은 사람들이 게으름의 폐해에 대해 무지하거나 축소하며 심지어는 게으름을 '찬미'하기도 한다. 그에 비하여 게으름에서 벗어나는 사람들은 습관적인 자기합리화와 도피적인 자기비난에서 벗어나, 삶에 대한 책임과 노력이 부족했음을 스스로 인정한다.

중독에서 벗어나는 사람들 역시 비슷한 모습을 보인다. 회복하는 사람들은 중독으로 인한 삶의 폐해를 전면적으로 검토하고 받아들일 줄 안다. 그들은 자신의 문제를 애써 축소하려 하지 않는다. 중독으로 인한 신체적, 정신적, 경제적, 관계적 폐해를 다각적으로 살핌으로써 중독이 자신의 삶을 얼마나 황폐화시켰는지 확인한다. 그들은 중독으로 인해 달라져버린 인생을 되돌아볼 줄 알고, 자신이 변화하지 않을 때 미래가 얼마나 비참할지를 예상하며, 중독에서 벗어난 삶이 얼마나 근사할지 상상하고 즐길 줄 안다. 그들은 더 이상 중독이나 불행의 원인을 외부에서 찾지 않는다. 오히려 그동안 외부에서 찾느라 더 큰 갈등을 불러일으켰던 자신의 태도를 반성하고 지나치게 비난했던 다른 사람들에게 진심으로 사과한다.

게으름도 마찬가지이다. 게으름에서 벗어나려면 우선 게으름이 자신의 인생에 끼친 폐해를 전면적으로 바라볼 수 있어야 한다. 그리고 자신이 게으를 수밖에 없었던 외부적 요인이 있다 하더라도 일차적 책임이 자신에게 있음을 받아들일 수 있어야 한다. 그것이 결코 쉽지 않고 아픈 일일지라도 말이다.

3 │ 내 안에 '큰 나'가 있음을 믿어라

게으름에서 벗어날 수 있다고 믿는 사람만이 자신의 게으름을 인정한다. 이것은 무슨 말일까? 만일 어떤 시험문제에 답이 없다면 그것을 문제라고 인정할 수 있을까? 답이 있다는 전제하에서만 사람들은 문제를 인정한다. 게으름의 문제를 인정하지 못하는 사람들 중 상당수는 자신이 그 상태에서 벗어날 수 없을 거라는 무의식적 두려움을 갖고 있다.

자신의 게으른 모습이 삶의 전부가 아니라고 믿는 사람만이 게으름의 폐해를 진지하게 받아들이고, 벗어날 수 있다는 희망도 갖는 법이다. 그러나 게으름이 오래될수록 우리는 점점 '나는 게으름의 문제를 가지고 있어!'가 아니라 '나는 (원래) 게으른 사람이야!'라고 규정짓게 된다. 자신의 정체와 본질 자체가 게으르다고 믿고 있다면 우리는 한걸음도 앞으로 나아갈 수 없다. '나는 사랑받을 수 없는 사람이야!' 라는 마음을 지닌 사람이 사랑을 향해 나아갈 수 없는 것과 똑같은 이치이다. 그러므로 게으름에서 벗어나기 위해서는 문제는 인정하되 게으름이라는 문제와 자신의 존재를 구분짓는 것이 필요하다. 게으른 삶의 모습이 자신의 본질이 아니며 전부가 아니라고 믿는 마음이 필요하다.

아무리 힘들어도 우리를 지탱시켜줄 수 있는 것은 희망이다. 아무리 어려운 상황에서도 시간이 지나면 나아질 수 있으리라는 희망이 보이면 우리는 버틸 수 있다. 하지만 버틸 수 있는 힘든 상황에서도 시간이 지날수록 점점 어려워질 것이라고 생각한다면 포기할 수 있는 것이 또한 삶이다. 결국 중요한 것은 가능성이다. 가능성이 있기에 삶은 아름답다. 만일 누군가 당신에게 "지금 보이는 것이 당신의 전부입니까?"라고 묻는다면 뭐라고 대답하겠는가? 이 질문에 대해 "아닙니다. 내 안에는 더 큰 내가 존재하고 있습니다"라고 말할 수 없다면 당신은 결코 게으름에서 벗어날 수 없다. 그러니 그대여! '나'라는 말에서 결코 가능성을 빼지 말라.

나의 게으름을 정면으로 응시하라

1. 게으름에 대해 당신만의 정의를 내려보세요.

   게으름이란 _____ 이다.

그렇다면 당신은 게으른 것인가요, 게으르지 않은 것인가요?

2. 누군가 당신에게 '지금 보이는 것이 당신의 전부입니까?' 라고 묻는다
   면 당신은 뭐라고 대답하겠습니까?

   _____

   _____

   _____

   _____

   _____

3. 67쪽을 참조해서 당신이 게으름에 대해 자주 하는 변명을 적어보세요.

   1) _____

   2) _____

   3) _____

실천지침

4. 게으름으로 인한 폐해를 '전면적'으로 살펴봅시다. 머리로만 상상해봐

도 좋고 글로 써봐도 좋습니다. 게으름이 나의 삶을 어떻게 파괴시켰

는지, 네 가지 영역으로 나누어 생각해보세요.

신체적 피해	정신적 피해	경제적 피해	관계적 피해

5. 이제 당신의 임종 상황을 떠올려보고 장례식을 기획해보세요.

1) 어떤 모습으로 죽음을 맞이하고 싶습니까?

_____

_____

_____

2) 당신이 세상에 남기고 떠나는 것은 무엇입니까?

3) 어떤 형식과 내용의 장례식을 치르고 싶습니까?

4) 장례식에 참석한 조문객들에게 임종 직전의 육성을 들려준다고 생각
해봅시다. 어떤 말을 들려주고 싶습니까?

5) 당신을 기억하는 몇 사람이 조사弔辭를 듣는다고 상상해봅시다. 그들
은 당신의 삶과 죽음에 대해 어떤 이야기를 할까요?

6) 잠시 눈을 감고 죽음의 시점에서 오늘을 바라봅시다.

실천지침

6. 시간이 흘러 현재로부터 5년에서 10년 후가 되었다고 생각해봅니다. 이때 두 개의 버전으로 지난 인생을 회고하며 각각 한 페이지씩 정도의 글을 작성해봅니다. 하나는 게으름에서 벗어나지 못해서 최악으로 삶이 흘러가게 된 경우와 다른 하나는 게으름에서 벗어나 자신이 원하는 삶의 모습으로 살고 있다고 가정하고 자서전을 쓰는 것입니다. 일명 베스트 시나리오Best Scenario와 워스트 시나리오Worst Scenario를 쓰는 것입니다. 유념할 것은 5~10년 후의 시간이 미래가 아니라 현재라고 생각하고 어떻게 해서 그런 삶을 살게 되었는지 보다 생생한 모습과 그간의 변화과정을 글 속에 담아봅니다.

Key 2
게으름에서 벗어나 어디로 갈지 정하라

　자신의 문제를 전면적으로 인정한다는 것은 고통스러운 일이다. 때로는 자신의 뿌리가 흔들리고 자존심이 무너지는 혼란을 감수해야 하기 때문이다. 문제를 인정하는 과정에서 지난 삶에 대한 끊임없는 후회와 분노의 감정이 들끓을 수도 있다. 그러나 그러한 고통과 혼란이야말로 변화의 본질이며, 그 고통과 혼란을 안고 한 걸음 더 나아가는 것이 변화의 관건이다.

　새로운 삶을 향한 발걸음이 시작되면 어느 순간 삶의 모든 과정이 그 자체로 가치 있게 여겨진다. 지워버리고 싶었던 지난날들이 어느 순간 오늘의 나를 있게 한 의미 있는 시간으로 느껴지는 것이다. 마치 소설의 극적인 반전을 암시하는 복선처럼 힘든 시기가 필요한 곳에 있었다는 필연성마저 느껴지기도 한다. 즉, 게으름의 시간이 단지 무의미하고 지워버리고 싶은 시기로만 여겨지지 않고 오히려 그러한 시기가 있었기 때문에 보다 삶이 충만해질 수 있었고, 의미를 찾을 수 있었다고 느껴진다. 지금까지 겪어왔던 삶의 모든 경험과 시간들이 모여 '나'를 이루는 것임을 받아들이는 것이다.

　그렇다면 게으름의 자각 이후 우리는 무엇을 해야 할까? 어떻게 살지 어디로 갈지를 정해야 한다. 이를 위해서는 우선 자기대면의 시간이 필요하다. 《꽃들에게 희망을》이라는 동화책을 보면 이를 상징적으로 묘사해주는 대목이 있다. 사실 이 작품만큼 분명하고 알기 쉽게 자기실현의 삶을 제시해주는 책은 드물다. 나는 중학교 때이 책을 읽었는데, 삶이 힘들거나 방향이 혼란스러울 때면 이 책이 생각나서 다시 읽곤 했다. 이 책의 하이라이트는 나비가 되기 위해 애벌레가 스스로 실을 뽑아 고치를 만드는 대목이다.

"나비가 무엇인지 얘기 좀 해주시겠어요?"

"그것은 네가 되어야 할 바로 그것이란다. 그것은 아름다운 두 날개로 날아다니며 하늘과 땅을 연결시켜주지."

(… 중략 …)

"나비가 되려고 결심할 때, 무엇을 해야 하지요?"

"나는 지금 고치를 만들고 있단다. 내가 마치 숨어버리는 것같이 보이지만 고치란 피해 달아나는 곳이 아니란다. 변화가 일어나는, 잠시 머무르는 여인숙과 같은 거야. 그것은 하나의 커다란 도약이지."

애벌레가 고치 속으로 들어가는 것은 결코 숨는 것이 아니다. 자기대면의 시간이다. 게으름에서 벗어나기 위해서도 외부의 감각을 닫고 내면으로 들어가야 한다. 우리는 내면으로 들어가 새로운 세상으로 날아갈 날개를 만들어야 한다.

문제를 푸는 두 번째 원칙은 변화의 원리를 이해하는 것이다. 머리만 쥐어짠다고 될 일이 아니다. 삶에서 부딪히는 문제 역시 마찬가지다. 문제의 해심을 꿰뚫지 못하는 노력은 사람을 지치게 할 뿐이다. 자, 이제 구체적으로 살펴보자. 우리들은 음주 때문에 문제가 생기면 금주를 시도하고, 잠이 많으면 잠을 줄이려 하고, 잠이 안 오면 잠들려 애쓰고, 살이 찌면 살을 빼려 노력한다. 너무 당연한 것 아니냐고? 하지만 이렇게 당연해 보이는 해결책들이 좋은 결과로 이어지는 경우는 사실 드물다. 왜 그럴까?

나의 경험을 보면, 문제와 싸우는 사람은 오히려 그 해결책으로부터 멀어지는 경우가 많다. 이것은 무슨 소리인가? 문제와 싸우는 것이 답이 아니라면 도대체 어떻게 해야 한다는 말인가? '상위의 관점에서 접근하라!' 이것이 바로 문제해결의 원리이다. 즉, 문제를 벗어나는 데 급급한 것이 아니라 자신이 원하는 것에 집중하는 것이 중요하다. 불행하다면 불행하지 않기 위해 애쓰는 것이 아니라 행복해지기 위해 노력하는 것이고, 게으르다면 게으르지 않기 위해 애쓰는 것이 아니라 자신에게 충만한 삶이 무엇인지를 알고 이를 위해 노력하는 것이 필요하다. 어찌 보면 당연한 말인 것 같지만 그렇지 않다.

우리는 흔히 문제에 부딪히면 문제에 매몰되어 문제에서 벗어나는 데만 급급하기 쉽다. 그게 어떤 일이 되었든, 중요한 것은 '해야 한다'는 사실 자체가 아니라 '왜 해야 하는가'를 발견하는 것이다. 철학자 니체는 그 중요성을 이렇게 표현했다. "살아가야 할 이유를 아는 사람은 어떠한 상태에서도 견뎌낼 수 있다."

게으름과 같은 습관이나 행동상의 문제를 해결하기 위해서는 수평적 접근이 아닌 수직적 접근이 필요하다. 게으름은 원인이 아니라 결과인데, 원인은 그냥 두고 결과만 바꾸려고 해서는 곤란하기 때문이다. 사는 것이 재미가 없어 게으름에 빠졌다면 재미있는 일을 찾는 것이 해법이다. 잠을 한두 시간 줄이는 것이 해법일 수는 없다. 그렇기에 더 상위의 단계에서 문제를 바라보고 해법을 도모해야 한다. 단순히 '게으르지 말자!'는 식이 되어서는 백이면 백 모두 실패하고 만다.

모든 걸 잃어버린 사람도 생의 목적을 찾을 수만 있다면 잃은 것을 되찾고 그 이상을 수확할 수 있다. 게으름에서 벗어나려고 서둘러서는 안 된다. 게으름으로 뒤처진 삶을 한꺼번에 만회하려고 하는 것은 무모하다. 뒤처졌다고 느끼는 사람일수록 성급해지기 쉽다. 성급해지면 자꾸 앞 사람을 바라보게 되고, 그 사람과의 격차에 연연하게 된다. 빨리 뒤쫓아가야 한다는 초조감에 휩싸인다. 하지만 이는 다시 게으름의 늪에 빠지는 지름길일 수밖에 없다.

다시 한 번 강조하지만, 게으름에서 벗어나는 해법은 단기적인 목표의식을 강화하는 것이 아니라 삶의 목적의식을 찾는 것이다.

그러므로 후발주자의 전략은 '추격'이 아니라 '몰입'이어야 한다. 늦었다고 생각할수록 몰입의 대상을 찾아야 한다. 몰입만이 뒤처진 시간을 따라잡을 수 있는 유일한 방법이다. 게으름과 그냥 치고받고 싸우지 말라. 우리의 가슴을 덮고 있는 재를 뒤엎어서 남아 있는 불씨를 되살려야 한다. 우리의 마음이 정말 원하는 것을 찾아야 가속도가 붙는다. 내면의 불씨가 다시 활활 타오를 때 게으름의 비곗덩어리는 비로소 녹아 없어진다.

그럼 자기대면의 시간 동안 무엇을 해야 할지 보다 분명해졌다. 삶의 청사진을 만드는 것이다. 집을 짓기 위해 설계도가 필요하고, 영화를 만들려면 시나리오가 있어야 하는 것처럼 삶에도 청사진이 필요하다. 이를 비전이라고 부른다. 비전은 착각^{illusion}이나 몽상^{day dream}과는 그 의미가 다르다. 비전은 '자신만의 독특하고 생생한 미래상^{unique & vivid future image}'을 의미한다. 꿈이나 목적을 현실과 연결시키는 가교假橋인 셈이다. 그렇기에 비전은 종이에 쓰기 전에 먼저 가슴에 새기는 것이다.

이때 주목할 것은 설렘이 들어 있지 않는 비전은 비전이 아니라는 사실이다. 실제 많은 사람들이 원하는 비전을 세우고도 여전히 한 걸음도 떼지 못하는 경우가 많다. 그것은 그 비전이 가짜이기 때문이다. 쉽게 말해 비전에도 진짜가 있고 가짜가 있다. 진짜 비전은 두려움도 있지만, 그 두려움도 넘어설 용기와 설렘을 함께 준다. 그러나 가짜 비전은 두려움과 망설임만을 줄 뿐이다. 그러므로 비전을 세우고도 앞으로 한 걸음도 나아가지 못하고 있다면 비전을 다시 세우는 것이 필요하다. 진정한 비전은 실천지향적인 희망action-oriented hope이며, 쉼 없이 정신적 에너지를 공급해주는 '정신의 심장mental heart'인 것이다.

이제 어떻게 펄떡거리는 비전을 세울지에 대해 알아보자. 만일 비전이라는 말이 너무 거창하게 느껴진다면 '원하는 목표'라고 여기고 세워도 좋다. 그럴 경우에는 '5년 후 원하는 목표'처럼 가급적 기간을 설정하는 것이 좋다.

▪ 생생한 비전이나 목표를 세우는 원칙

1. 삶을 깨우는 질문을 만나면 일단 멈춰야 한다. 성찰은 근본적으로 멈춤에서 나온다. 멈춤을 통해 내면으로 들어가 자신의 가치를 들여다보아야 한다. 우리는 누구나 '가치 피라미드value pyramid'를 간직하고 살아간다. 자신이 중요하다고 생각하는 가치의 우위에 따라 살아가고 있는 것이다. 누군가는 건강을 최우선으로 두고, 누군가는 돈이나 명예를 최우선으로 두고, 누군가는 행복을 최우선으로 두고, 또 누군가는 안전을 최우선으로 두거나 즐거움을 최우선을 두고 살아가기도 한다. 그런데 삶의 어느 순간에 이러한 가치의 순위가 뒤바뀐다. 예전에는 별로 중요하지 않다고 생각했던 가치가

상위로 올라선다. 불행이나 난관과 같은 거대한 충격이 외부에서 가해졌을 때도 바뀔 수 있지만 자신이 원하는 삶을 그려봄으로써 바꾸기도 한다. 그러므로 변화는 내면에 자리잡고 있는 가치의 순위가 바뀔 때 이루어지는 법이다. 변화의 순간이란 바로 '가치의 재배열'이 이루어질 때인 것이다. 자기대면의 시간은 우리에게 무엇이 정말 중요한 가치인지를 깨닫게 해줄 것이다.

2. 비전이나 목표는 자신의 재능과 강점에 기초해야 한다. 재능과 강점을 잘 파악해야 원하는 일과 잘하는 일을 맞출 수 있다. 이는 앞에서 설명한 바 있기에 여기서는 언급만 하고 넘어가기로 하겠다.

3. 비전이나 목표는 눈에 밟혀야 한다. 그리고 무엇보다 우리 자신을 설레게 해야 한다. 그러려면 비전이 시각적으로 살아 꿈틀거려야 하고 입체적이어야 한다. 비전은 연출, 극본, 음악, 주연 등을 한 사람이 맡는 일인제작 연극이라고 할 수 있다. 물론 처음에는 무대장치도, 의상도, 배우도, 극본도 엉성해서 감동을 주기 힘들다. 하지만 장기상영으로 들어가면 연기의 완성도는 높아지고, 무대장치는 세련되어지며, 극본은 더욱 치밀해진다. 우리는 무대와 객석을 넘나들며 그 연극을 수도 없이 공연하고 또 관객의 입장에서 바라보며 더욱더 훌륭한 연극으로 완성시켜간다. 그러므로 처음부터 아주 치밀하고 완성도 높은 비전을 세우고 실천하겠다는 태도가 아

니라 엉성하더라도 실천과 도전을 거치면서 점점 완성도를 높이는 태도가 꼭 필요하다.

4. 비전이나 목표는 열정, 재능, 사회적 공헌도, 시대적 흐름이 만나는 사거리의 교차지점이라고 할 수 있다. 시대의 흐름과 요청에 맞게 자신의 열정과 재능을 구체화시켜내야 한다. 시대적 흐름을 내다보지 못하면 비전은 녹이 슬기 쉽다. 그리고 사회에 공헌할 수 있어야 비전은 더욱 강력해지는 법이다. '나 혼자 잘 먹고 잘 살자!'는 식의 비전은 결코 삶을 변화시키지 못한다. 정신적 에너지는 하고자 하는 일이 자신을 위한 것이면서 동시에 공동체를 위한 것이라는 확신이 설 때 더욱 강력해진다. 위에서 말한 사거리의 중심에 비전이 위치할 때 날개는 쌩쌩 돌아간다. 그 회전하는 날개에서 몰아쳐 나오는 바람을 우리는 변화라 부르고, 그 바람에 의해 게으름은 먼지처럼 날아갈 것이다.

삶의 비전과 목표를 정하는 방법

지금까지의 이야기가 너무 거창하다고 느끼실지 모르겠습니다. 하지만 문제해결의 원칙은 상위의 관점에서 살펴보는 것임을 잊지 마십시오. 좀더 상위의 관점에서 자신이 하고자 하는 일에 의미를 부여할 때 당신은 원하는 바에 더 가까워질 수 있습니다. 더 크게 삶을 바라본다는 생각으로 아래의 실천과제를 따라해보시기 바랍니다.

1. 내면을 탐색하기 위한 당신만의 방식을 찾아봅니다. 조금 긴 여행을 떠날 수도 있고, 명상이나 수련 프로그램을 실행해도 좋습니다. 중요한 것은 외부의 감각을 닫고 내면의 소리를 듣기 위해 안으로 들어가는 것입니다.

2. 다음 질문에 답하면서 당신의 중심 가치를 찾아봅니다.

   1) 지금까지 살면서 깨달은 교훈 중에 가장 중요한 세 가지는 무엇입니까? 왜 그것이 당신에게 중요합니까?

   ① _____

   ② _____

   ③ _____

2) 당신이 살아오면서 스스로 가장 자랑스러웠던 기억을 떠올려보십시오. 무엇 때문에 자신이 자랑스러웠습니까?

_____

_____

_____

_____

3) 당신이 깊이 존경하는 사람을 떠올려보십시오. 무엇 때문에 그를 존경하게 되었습니까?

_____

_____

_____

_____

4) 미래의 당신이 누군가와 인터뷰를 하는 중에 이런 질문을 받았다고 가정합시다. '당신의 지난 삶을 압축해서 표현한다면 어떤 인생이었다고 할 수 있습니까?' 답해보십시오.

* 나의 인생은 _____ 을 위한 삶이었다.

5) 아래의 가치 목록표를 참조하여 향후 자신의 삶에서 가장 중요하게 여기고 살아가야 할 핵심가치를 세 가지 정도 정해봅니다.

〈가치목록표〉

성취, 모험, 자유, 균형, 여유, 인정, 협동, 창조, 도전, 즐거움, 봉사, 건강, 학습, 부富, 신앙, 행복, 사랑, 지혜, 노력, 깨달음, 영향력, 가르치기, 모범, 전문성, 공감, 통합, 보람, 우정, 인내, 절제 등

_____

_____

3. 본문 중에 소개한 책을 참고 삼아 자신의 강점과 재능을 적어보십시오.

_____

_____

_____

_____

_____

실천지침

4. 당신의 핵심가치와 재능에 기초하여 비전을 세워보십시오. 아래의 예는 간단하게 소개한 것이고 생명력 있는 비전을 위해서는 좀더 구체적으로 기록하는 것이 필요합니다.

  * 나의 비전은 (대상) ＿＿＿＿＿＿＿＿＿ 가 (공헌할 수 있는 가치)

＿＿＿＿＿＿＿＿＿ 을 하도록 (자신의 강점에 기반을 둔 역할과

행위) ＿＿＿＿＿＿ 한다.

예)

1. 나는 청소년들이 스스로 공부하고 주도적으로 살아갈 수 있도록 코칭을 통하여 삶의 장기목표를 함께 세우고 자기관리 능력을 향상시키도록 돕는다.

2. 나는 고객과 그 자손들에게 종합재무컨설팅을 제공함으로써 고객들의 삶의 질을 높이고 경제적으로 윤택하게 살아가도록 적극 돕는다.

Key 3
꿈과 현실에 징검다리를 놓아라

삶에 비전이 있는 사람은 표정부터 다르다. 뇌는 현실과 생생한 상상을 잘 구분하지 못하기 때문이다. 자신의 생생한 비전을 떠올릴 때마다 그것이 마치 현실의 경험인 양 뇌는 기쁨의 물질을 쏟아낸다. 그래서 평생을 통해 실현시켜 나갈 비전이 있는 사람의 얼굴에는 미소가 번지고 눈이 반짝거린다. 그들은 보물지도를 손에 쥐고 먼 여행을 떠나는 《보물섬》의 주인공 짐처럼 설레는 가슴을 지녔다.

하지만 아무리 펄떡거리는 비전을 지닌 사람이라도 막상 한 발을 내딛으려면 막막해진다. 원하는 곳과 현실이 너무 멀리 떨어져 있는 것처럼 느껴지기 때문이다. 그래서 변화는 비전만으로는 곤란하다. 비전은 하나의 요소일 뿐이다. 보물섬으로 항해를 떠나려면 배도 필요하고, 물과 식량도 필요하고, 해도海圖도 필요하고, 선원들도 필요하다. 즉, 보물섬에 갔다 오기 위한 구체적인 계획과 치밀한 준비가 필요하다. 보물에 대한 환상에만 빠져 있다면 이러한 계획과 준비에 소홀하기 쉽다. 먼저 한 사례를 검토해보자.

지금부터 반 세기 전에는 인간이 1마일(약 1609미터)을 4분 안에 돌파하는 것은 불가능하다고 생각했다. 육체의 한계라고 생각했기 때문이다. 그런데 1954년 5월 6일 로저 베니스터라는 한 대학생이 그 벽을 깨버렸다. 절대 깨질 수 없을 것이라던 기록이 순식간에 무너진 것이다. 놀랍게도 그는 무명의 의대생이었다. 당연히 이 소식은 전 세계에 널리 알려지게 되었다. 그런데 놀라움은 거기서 그치지 않고 더 큰 놀라움으로 이어졌다. 이로부터 채 1년이 되지 않아 37명의 선수들이 4분 벽을 돌파해버린 것이다. 즉, 신기록이 한 세기에 한 번 나올까 말까 하는 천재적 육상선수에 의해 수립된 것이 아님을 많은 사람들이 입증해버린 것이다.

이것은 무엇을 의미할까? 이는 우리가 얼마나 많은 관념적 한계 안에 자신의 능력을 가둬두고 있는지를 말해준다. 4분이 인간이 넘어설 수 없는 한계라고 여겼는데, 그 믿음이 깨져버리자 많은 선수들이 너나 할 것 없이 그 벽을 넘어버린 것이다. 사실 이 에피소드는 자기계발 서적에 단골로 등장하는 이야기라서 많은 사람들이 알고 있다. 그런데 사람들은 이 사례를 통해 '신념의 무한한 힘'만을 일방적으로 강조할 뿐 정작 중요한 배움을 놓쳐버리고 있다. 이는 결국 사람들을 신념의 과잉으로 몰고 가 현실에 발 딛지 못하게 만들 뿐이다. 그럼 우리는 베니스터에게 무엇을 배울 것인가? 그것은 신념의 힘과 아울러 그가 희망을 현실로 만들기 위해 어떻게 노력했는지 그 과정과 방법을 함께 배워야 한다.

당시 베니스터는 옥스퍼드 의대생이었다. 그는 마의 기록을 깨려면 기존의 훈련방법과는 다른 특별한 훈련이 필요하다고 생각했다. 그가 가진 강점은 신체적 자질과 의학적 지식이었다. 베니스터는 의학 지식을 공부하며 신체적 기능을 극대화할 수 있는 훈련방법을 수없이 고민하고 시도했다. 최종적으로 그가 선택한 방법은 1마일을 네 구간으로 나누어 뛰면서 전력질주하고, 중간에 2분간 휴식을 취하는 훈련방법이었다. 그는 이러한 실험적인 훈련방법을 통해 지구력과 스피드를 동시에 키울 수 있었던 것이다.

그러므로 우리에게는 생생한 비전이나 구체적 목표만큼이나 어떻게 그곳까지 갈 수 있을지 방법을 찾고 전략을 세우는 것이 무척 중요하다. 현재와 원하는 미래 사이에 자신의 실행능력에 맞는 디딤돌이 놓여 있지 않는다면 비전은 오래지 않아 힘을 잃기 쉽다. 비전이나 목표가 수립되었다면 이제 당신에게 필요한 것은 보폭에 맞게 징검다리를 놓는 것이다. 이제 그 디딤돌에 대해 이야기해보자.

1 목적-비전-목표는 늘 함께 다녀야 한다

인생의 목적(사명)은 비전으로 생생해지고, 비전은 다시 목표로 궤도화될 때 역동성과 구체성을 갖게 된다. 이 세 가지가 잘 갖추어지면 현재와 미래가 같은 공간에서 존재하는 놀라운 경험을 할 수 있다. 마치 원하는 바가 이미 이루어진 것 같은 기분^{visionary mood}을 선사하기도 한다. 물론 이는 착각이지만 이 기분을 느껴본 사람과 느껴보지 못한 사람은 차이가 크다. 이러한 기분이야말로 앞으로 나아갈 때 생기는 두려움이나 불안을 상쇄시켜주기 때문이다. 비전이 제대로 궤도화되면 이런 기분을 수시로 느낄 수 있다.

2 │ 경험과 강점을 적극적으로 살려라

비전과 목표로 향하는 길에 엘리베이터는 없다. 한 계단 한 계단 전진하는 것이 중요하다. 그런데 어떤 사람들은 현재의 일이 원하는 일이 아니라거나 의미를 찾을 수 없다며 비전을 찾아 무작정 하던 일을 정리하는 경우도 있다. 그나마 다행인 경우는 자신이 하고자 하는 것이 무엇인지 알고서 하는 일을 그만두는 것이지만, 적지 않은 경우 자신이 하고자 하는 것이 무엇인지 알지 못한 채 무작정 하던 일을 접는 것이다. 하고자 하는 것이 무엇인지 모른 채 하는 일을 접는다는 것은 용기가 아니라 무모함일 뿐이다.

만일 당신이 탁월함을 타고나지 않았다면 지금 세계에서 다른 세계로 나아가기 위한 구름판을 먼저 만들라고 이야기하고 싶다. 그렇기에 당신이 지금까지 이루어온 성과와 경험을 적극적으로 이용하는 것이 필요하다. 비약이라고 보이는 변화도 점과 점의 연결인 셈이다. 우리는 지금까지 쌓아온 경험과 강점을 어떻게 활용할 수 있을지 고민해야 한다.

3 | 구체적인 질문을 던져라

좋은 질문이 좋은 답을 낳고, 구체적인 질문이 변화에 속도를 부여한다. 실천적인 해결책을 원한다면 실천적이고 구체적인 질문을 던져야 한다.

예를 들어 체중감량을 계획한다고 하자. 그러면 '어떻게 살을 빼지?' 식의 모호한 질문에서 벗어나 '3개월에 체중을 5킬로그램 정도 빼려면 하루에 얼마 동안 운동하고 식사량을 몇 칼로리 정도로 조절해야 하지?'라는 식으로 질문해야 한다. 만일 공부를 더 열심히 하기로 결심했다고 하자. 그러면 '어떻게 하면 성적이 오를까?'라는 모호한 질문보다는 '매일 한 시간 이상 집중해서 공부하려면 어떻게 하는 것이 좋을까?'라는 식의 질문이 좋다.

우리의 뇌는 반복해서 물어보면 답을 하게 되어 있다. 추상적으로 물어보면 추상적인 답이, 구체적으로 물어보면 구체적인 답이 나오는 것이 우리의 뇌이다.

4 | 측정할 수 있는 목표를 만들어라

목표는 늘 구체적이고, 시간제한적이고, 단계적이어야 한다. 물론 어떤 사람은 주간계획이 맞을 수도 있고, 어떤 사람은 일일계획이나 월간계획을 세우는 것이 더 맞을 수도 있다. 경영학의 대부인 피터 드러커는 "측정할 수 없으면 관리할 수 없고, 관리할 수 없으면 개선할 수 없다"고 말했다. 높이뛰기 선수가 막대 없이 연습한다고 생각해보라. 상상이 되는가? 단거리 달리기 선수가 연습을 할 때 스톱워치 없이 스피드 연습을 한다고 해보자. 그 훈련은 하나마나 아닐까? 비전은 목표로 세분화되어야 하고, 그 목표는 시간제한과 달성 여부를 판별할 측정기준을 가지고 있어야 한다.

원하는 미래와 현재 사이에 징검다리 놓기

변화를 위해서는 방향이 있어야 합니다. 방향은 두 점이 필요합니다. 내가 어디에 있는지가 한 점(A)이라면 내가 어디로 가고 싶은지가 또 다른 한 점(B)이 될 것입니다. A는 현재이고 B는 미래입니다. 이 두 점을 연결하면 바로 방향이 됩니다.

이렇게 놓고 보면 참 쉽습니다. 문제는 자신이 원하는 지점을 설정하는 것이 쉽지 않고, 또 현재 자신이 삶의 어느 지점에 위치해 있는지를 인식하는 것도 쉬운 일이 아닙니다. 그리고 두 점 사이를 바로 갈 수 없기 때문에 그 사이에 디딤돌처럼 작은 점들을 찍는 것 또한 쉬운 일은 아닙니다. 그러나 그러한 과정이 어렵더라도 우리는 찾아야 합니다. 삶의 방향을 정하고 디딤돌을 세우는 것이야말로 우리 인생 자체이기 때문입니다.

일단 여기에서는 두 점을 알고 있다고 가정하고 어떻게 두 점을 연결할지를 이야기하겠습니다. 즉, 현재와 원하는 미래를 어떻게 연결할지의 원칙입니다. 이를 위해 먼저 역발상이 필요합니다. 우리는 흔히 현재에서 미래로 연결을 꾀합니다. 하지만 명확한 디딤돌을 세울 때는 이를 역으로, 즉 B에서 A로 연결하는 것이 필요합니다. 마치 시간을 앞으로 돌려 자신이 B에 도착했다고 생각하고 어떻게 해서 B에 도착할 수 있었는지 역으로 생각해

실천지침

서 A로 가는 디딤돌을 찾아가는 과정을 거치는 것입니다. 서울에서 부산으로 갈 것이라 예상한다면 너무나 많은 경우의 수를 생각해볼 수 있지만, 자신이 부산에 도착했다고 가정한다면 어떤 과정을 거쳐왔는지 보다 명확하게 과정을 그려 넣을 수 있습니다. 이는 목표수립과정을 보다 간명하고 명확하고 실천 지향적으로 설정하기 위함입니다. 아래의 설명을 읽어보고 다 읽고 나서는 아래의 지침처럼 실행에 옮겨보는 것이 중요합니다.

1) 8절지 크기 이상의 종이를 한 장 준비해서 현재라는 점과 자신이 원하는 미래의 두 점을 찍어봅니다. 자신이 원하는 삶의 모습이 잘 떠오르지 않는다면 마음이 원하는 어떤 목표를 생각해도 좋습니다. 3년 후에 자신의 이름으로 된 책을 쓰거나, 2년 후에 미국으로 자전거 여행을 간다거나, 1년 후에 어떤 자격증을 취득하는 것처럼 구체적 목표를 원하는 지점으로 설정해도 좋습니다. 디딤돌을 세우는 작업이기 때문에 6개월 미만의 단기간은 피하는 것이 좋습니다.

2) 자리에서 일어서서 자신의 발밑에 현재에서 미래로 흘러가는 가상의 시간선이 있다고 가정해봅시다. 시간선을 따라 5~7 걸음을 이동하는데, 이 숫자는 자신이 거쳐야 할 디딤돌의 개수를 의미합니다. 만일 자

신이 원하는 목표가 3년 후라고 한다면 한 걸음이 6개월 간격을 의미합니다. 자신이 미래로 걸어간다는 느낌을 가지고 따라 걸어가서 이제 원하는 미래지점 앞에 서 있다고 가정해봅니다. 눈앞에 미래로 들어가는 문이 있어 이 문을 열고 들어가면 자신이 원했던 미래의 삶이 현실로 바뀌는 놀라운 경험이 이루어진다고 생각합니다.

3) 자, 이제 미래로 가는 문을 열고 들어가서 자신이 원했던 미래의 삶이 현실로 펼쳐진 모습을 생동감 있게 상상해봅니다. 예를 들어 책을 내는 것이었다면 사인회를 하는 장면을 상상하거나, 자전거 여행이면 자전거를 타고 있는 모습을 상상하거나, 자격증 취득이라면 합격소식을 듣고 친구들에게 한 턱을 내는 장면을 연상할 수 있을 것입니다. 이때 중요한 것은 그 시점이 이제 더 이상 미래가 아니라 현실이 되었다고 느끼는 것입니다. 이를 위해 상상력과 오감을 동원하여 자신이 그 장소에서 보고, 듣고, 느끼고, 체험하는 모든 것을 충분히 떠올려보도록 노력합니다.

4) 원하는 미래가 현실이 된 멋진 장면을 충분히 체험했다면 뒤로 돌아봅니다. 뒤로 돌아보게 되면 A에서 B까지 거쳐왔던 시간들은 모두 과거

가 됩니다. 이제 목적지에서 출발지를 향해 돌아가는 시간입니다. 내가 어떤 디딤돌을 거쳐서 원하는 바를 이루어낸 목적지까지 올 수 있었는지 그 과정을 떠올립니다. 처음에 정했던 것처럼 5~7개 정도의 디딤돌을 찾아봅니다. A와 B라는 큰 점 사이에 'a, b, c, d, e' 라는 디딤돌 점을 찾아보는 것입니다.

5) 출발지를 향해 한 걸음씩 걷고 멈춥니다. 5개의 디딤돌을 세운다면 제일 먼저 멈추는 곳은 목적지에 가장 가까운 'e'라는 디딤돌입니다. 다시 말하지만 그곳 역시 과거입니다. 그곳에 서서 상상을 해봅니다. '내가 이 지점에서 무엇을 이루었기에 이 디딤돌을 바탕으로 최종적으로 내가 원했던 B에 갈 수 있었지?'라고 말입니다. 3년 후 책을 내는 것이 목표였다면 예를 들면 'e'라는 지점은 '출판사와 책을 계약하는 것'이 될 수 있을 것입니다. 즉, 책을 내기 직전에 꼭 필요한 디딤돌이 무엇이었는지를 떠올리는 것입니다.

6) 이렇게 해서 디딤돌을 찾아보고 다시 A에 도착합니다. 디딤돌 세우기를 통해 찾은 각각의 디딤돌을 종이 위에 작은 점으로 그려 넣고 각각의 디딤돌이 의미하는 것이 무엇인지를 써 넣습니다.

7) 이번에는 출발지에서 목적지까지 디딤돌을 내딛으며 각 디딤돌까지 도달하는 데 예상할 수 있는 어려움을 떠올려봅니다. 그리고 이를 어떻게 타개해 나갈 수 있을지 방법들을 찾아봅니다. 때에 따라서는 디딤돌 간격을 조정해야 하거나 디딤돌의 내용을 수정할 필요가 있을 것입니다. 이러한 작업을 통해 비전이나 목표를 이루기 위한 디딤돌을 세우고 이를 연결하여 비전과 목표를 더욱 살아 움직이게 만드는 것입니다. 물론 이는 앞으로도 계속해서 수정되고 보완될 수밖에 없음을 염두에 두는 것이 필요합니다. 삶은 우리가 원하는 대로만 흘러가는 것은 아니기 때문입니다.

8) 처음 종이에 해도 되고, 새로운 종이에 옮겨 로드맵을 완성해도 됩니다. 이때 가급적이면 디딤돌과 원하는 미래의 모습을 구체적으로 잘 묘사해주는 이미지를 찾아서 붙여주면 더욱더 목표 의식과 생동감을 강화할 수 있습니다. 그리고 여백에 자신이 원하는 목표를 달성하기 위해 어떤 마음가짐으로 살아가야 할지, 어떤 생활수칙이 필요할지를 기록해둔다면 더욱 좋을 것입니다.

9) 잘 보이는 곳에 붙여놓습니다.

Key 4
두려움과 자기비난을 넘어서라

　현재의 위치와 나아갈 곳을 알고, 그 사이에 딛어야 할 곳도 알고 있다면 가장 큰 첫 발을 뗀 셈이다. 그러나 당신은 여전히 한 걸음도 앞으로 나아가지 못할 수 있다. 과거의 실패경험에서 비롯된 두려움과 무능감에 발목을 잡힌다면 말이다. 발을 떼려는 순간 마음 속에서 당신을 의심하는 속삭임들이 끊임없이 들린다. '네가 그것을 할 수 있다고?' '그냥 하던 거나 잘 해!' '더 우스워지려고 그래?' 이런 소리들이 스테레오로 들리게 되면 마음은 자꾸 움츠러들기 쉽다. 결국 스스로 뿌리고 가꾼 변화의 싹을 다른 누구도 아닌 자신이 잘라버리는 우를 범하게 된다. 그리고는 스스로를 합리화하며 더 큰 게으름의 늪에 빠져들고 만다. 아무런 시도조차 하지 못한 채 말이다.

　부정적 에너지, 특히 두려움과 자기비난을 그대로 두고 변화를 바란다는 것은 있을 수 없다. '두려움, 자기비난, 자기합리화' 이 세 가지는 게으름에서 벗어나는 데 가장 큰 내면의 걸림돌이다. 이러한 부정적 에너지들은 지금껏 애써 키워온 변화의 에너지들을 갉아 먹는다. 한 방향으로 힘을 모아도 부족할 판에 정신적 에너지가 양분되어 있다면 그 결과는 불을 보듯 뻔할 수밖에 없다. 나는 긍정적 에너지와 부정적 에너지가 대립되어 마음의 방향이 정반대로 나뉜 사람을 보면 이렇게 이야기한다. "말을 거꾸로 타셨네요."

실제로 중독환자들을 보면 이런 경우가 많다. 일정 기간 동안 치료가 이루어지면 그들은 "이제 죽을 각오로 새로운 삶을 살아가겠습니다"라며 굳은 결의를 보인다. 그리고 병원 문을 나선다. 그러나 그 중의 다수는 의식하지 못했다고 하더라도 그 내면에 깊은 두려움과 무능감을 가지고 있다. 그렇기에 그들의 다짐은 소리가 높은 만큼 깊은 울림을 주지는 못한다. 회복의 여정 역시 오래가지 못한다.

그러므로 게으름을 극복하고 원하는 삶으로 나아가고자 할 때 우리는 말을 거꾸로 타지는 않았는지 살펴보아야 한다. 만일 말 머리를 보고 올라타야 하는데 말 꼬리를 보고 올라탔다고 해보자. 그 모습으로 달리면 어떻게 될까? 당연히 낙마하고 만다. '더 이상 이렇게 살 수 없어!' '잘할 수 있어!'라는 결심을 품고 나섰지만 우리의 마음속에는 '넌 해도 안 돼!' '넌 할 수 없어. 잘못되면 끝장이야!'라는 두려움과 자기비난을 동시에 지니고 있기 쉽다. 삶의 긍정적 에너지와 부정적 에너지가 첨예하게 대립하는 것이다.

방향성 없는 에너지는 결코 힘을 주지 못한다. 부정적 에너지가 더 강하면 출발 전보다 더 뒤로 떨어져 나뒹굴게 된다. 많은 사람들이 변화를 결심하고 길을 떠나지만 중간에 낙마하고 마는 것은 이렇게 말을 거꾸로 탔기 때문이다.

많은 자기계발 전문가들이 약점에 연연하지 말고 강점을 계발하라고 이야기한다. 하지만 현실은 그렇게 간단하지 않다. 게으름과 같은 치명적인 약점은 강점을 계발하는 데 절대적인 장애물이기 때문이다. 즉, 많은 사람들이 강점을 계발하지 못하는 것은 비난과 두려움이라는 가시덤불에 갇혀 강점이 뻗어나려야 뻗어날 수 없기 때문이다. 강점의 성장을 짓누르는 가시덤불을 쳐내지 않으면 앞으로 나아가기 힘들다. 그러므로 자기계발을 돕는 코치나 상담가는 한 개인의 강점을 키워주면서 동시에 단점을 보완해줄 수 있는 통합적인 상담가blending counsellor가 되어야 한다. 이제 변화의 장애물 중에서 두려움과 자기비난을 어떻게 다룰지 살펴보기로 하자.

1 │ 고통스러운 과거와 이별하라

치유되지 않은 상처는 늘 우리의 발목을 잡는다. 강력한 상처나 실패의 경험은 단순히 머리로 기억되는 것이 아니라 온몸으로 기억되기 때문이다.

한 여고생의 이야기이다. 그 학생은 과거의 어떤 경험을 너무 선명하게 기억하고 있었다. 그 기억은 초등학교 수학시간으로 거슬러 올라간다. 선생님의 지명을 받고 앞에 나가 문제를 푸는데 당황해서 쩔쩔매게 되었다. 문제는 어렵지 않았지만 순간 눈앞이 캄캄하고 정신이 혼미해서 실력발휘를 할 수 없었다. 선생님은 그런 사정도 모른 채 그런 것도 못 푸느냐며 공개적으로 질책을 하였고 그 여학생은 심한 수치심을 느꼈다. 그 여학생은 과거의 기억을 이야기하면서 그때의 수치심을 거의 그대로 떠올렸다. 얼굴도 빨개지고 심장도 두근거리고 무안하고 창피한 감정을 다시 경험한 것이다. 몇 년이 지난 일이었는데도 괴로운 기억은 빠져나가지 못하고 그대로 몸과 마음에 갇혀버린 것이다.

이 여학생은 그때 이후로 수학에 대한 흥미를 완전히 잃어버렸다. '난 수학을 못해!'라는 확신을 갖게 되었고 당연히 수학 성적은 바닥을 기었다. 하지만 지능검사를 해보자, 그 학생의 수학 능력은 오히려 보통 이상으로 나왔다. 사실 그 학생의 경우는 실력이 부족했다기보다는 아이들 앞에 나와 문제를 푸는 상황 때문에 주눅이 들었던 것에 불과했다.

이렇게 아물지 않은 과거의 상처는 그냥 머물러 있지 않고 다른 관련 근거들을 빨아들이면서 왜곡된 사고와 믿음을 키워나간다. 아물지 않은 상처가 위험한 것은 부정적 신념을 만들어서 부정적 경험을 쌓아가기 때문이다. 악화가 양화를 구축하는 것처럼 부정적인 에너지가 긍정적인 에너지를 흡수해서 덩치를 키워간다. 상처가 아물지 않은 아이들은 그래서 늘 부정적인 '자기충족적 예언self-fulfilling prophecy'을 하게 된다. 결과를 부정적으로 예측해놓고 무의식중에 그 결과를 초래하는 방식으로 행동해 스스로의 예언을 입증해 보이는 것이다. '그것 봐! 내가 안 된다고 했잖아!' 하며 사소한 단서를 실패나 거절의 신호로 단정짓고 일찌감치 포기해버린다. 결국 부정적인 예언으로 부정적인 결과가 빚어지고, 이는 애초의 부정적인 신념을 더욱 강화시키는 악순환이 반복되면서 게으름에 갇혀버린다.

그렇다면 고통스러운 과거를 어떻게 떠나보낼 수 있을까? 일단 네 가지 작업이 중요하다. 먼저 '과거'를 중화시키는 작업이다. 중화한다는 말은 상처나 실패 속에 포함된 감정, 몸의 느낌, 선명하게 남아 있는 이미지, 왜곡된 신념 등을 기억으로부터 떼어내는 것을 의미한다. 기억을 해체해서 다시 재구성하는 것이다. 즉, 몸과 마음으로 생생하게 떠오르는 기억을 그저 하나의 사건으로 건조하게 떠올리는 것이다. 이 작업이 잘 이루어지면 '그래, 그때 그런 일이 있었지!'라는 식으로 덤덤하게 당시를 회고할 수 있게 된다. 대표적인 경우가 바로 상담이다. 아물지 않는 고통을 이야기하고 또 이야기하는 것이다. 그러다보면 자신의 일부가 되었던 상처가 점점 자신과 분리되어져 바깥에 놓이게 된다.

두 번째 작업은 '주변으로 밀어내기'이다. 즉, 마음의 중심을 차지하고 있는 고통스러운 기억을 주변으로 밀어내는 것이다. 마음을 어떻게 밀어낼 수 있을까? 이를 위해서는 우선 바람직한 자신의 미래상을 오감으로 떠올려 마음의 중심으로 계속 흘려보내는 과정이 필요하다. 벗어나고 싶은 것을 벗어버리려고 애쓰는 것이 아니라,

원하는 것을 지속적으로 떠올려 벗어나고 싶은 것이 밀려나게 하는 셈이다.

　세 번째로, 모든 경험은 그 안에 의미를 담고 있다는 태도로 삶을 돌아보는 자세가 필요하다. 즉, 고통스러운 과거 역시도 나에게 무언가를 가르쳐주기 위한 인생의 복선일지 모른다는 마음으로 상처를 어루만져야 한다. 과거의 실패나 상처 역시 지금의 나를 만든 의미 있는 경험으로 받아들이는 것이다. 사실 우리가 기억하고 있는 과거의 기억은 늘 왜곡되어 있기 마련이다. 우리는 원하는 것을 선택적으로 지각하고 기억하기 때문이다.

　만일 현재의 삶이 불행하다면 우리의 과거는 실재보다 훨씬 더 어둡게 채색된다. 지금의 불행을 설명하기 위해서 과거는 실재보다 더 불행해지는 것이다. 반면 현재의 삶이 만족스럽다면 우리의 과거는 실재보다 더 밝게 채색된다. 지금의 만족스러운 삶은 과거의 고통을 통해 더욱 성장할 수 있었기에 가능한 일이기 때문이다. 만일 우리의 미래가 지금보다 점점 나아진다고 기대해보자. 그렇다면 우리는 과거의 상처를 바라보는 데 있어서도 얼마든지 밝은 미래의 조명 아래에서 볼 수 있다. 과거의 상처가 오히려 자신의 불행을 설명하는 원인이 아니라 자신의 성장을 위한 의미 있는 영양분이었음을 받아들일 수 있는 것이다. 한번 생각해보자. '지난날 크고 작은 상처들은 나에게 무엇을 가르치기 위해 있었던 것일까?'

네 번째로, 상처나 실패에 대한 자신의 책임과 한계를 명확히 구분하는 작업이 필요하다. 상처나 실패, 특히 어린 시절의 상처는 어른들의 과잉개입과 과장반응에 의한 경우가 많다. 그럼에도 불구하고 많은 사람들은 그 상처가 자신 때문이라며 필요 이상 자책한다. 하지만 상처에서 벗어나려면 상처를 준 상대에게 그 책임을 되돌려주는 작업이 필요하다. 생각해보라. 당신이 기억하는 어린 시절의 상처와 좌절은 과연 당신의 잘못인가? 그렇지 않다. 그것은 당신의 잘못이 아니다. 누구에게나 부족한 것이 있고, 삶의 성장은 실수를 통해 배우고 성장하는 것임을 받아들이지 못했던 어른들의 잘못이다.

상처를 준 상대에게 그 책임을 되돌린다는 것은 물리적 복수를 하라는 말이 아니다. 그것은 스스로 자기 잘못이 아니라는 입장을 분명히 하고, 필요한 경우 상처를 준 당사자에게 자기주장을 펼치는 것을 의미한다. 이를 위해 상처를 준 사람에게 부치든 부치지 않든 편지를 써보는 것도 좋다. 사실 이 책에서 과거의 상처에서 벗어나는 방법을 상세하게 설명하는 것은 쉽지 않은 일이다. 그리고 설명만으로 치유가 될 수 있는 것은 더더욱 아니다. 그러므로 당신이 만일 어린 시절에 깊은 마음의 상처를 지니고 있고, 이 점이 현재의 게으름과 연관되어 있다면 전문가의 도움을 받는 것이 필요할지 모른다.

2 | 자기비난을 중단하라

"자기 자신에 대해 불만 없는 사람 손들어보세요"라고 했을 때 손을 든 사람을 나는 이제껏 본 적이 없다. 정신과 상담을 하다보면 겉과 속이 참 다르다는 것을 느낀다. 겉만 봐서는 너무 좋은 성격과 훌륭한 조건을 갖고 있는데, 그 마음속에는 자기불만과 상념이 가득 찬 경우가 너무 많다. 남이 봐서는 차고 넘치는 것 같은데도 스스로는 한없이 부족하다고 느끼는 것이다. 그런데 문제는 불만이 지나치면 어느덧 비난으로 이어진다는 데 있다.

불만과 비난은 어떻게 다를까? 불만은 특정 행위, 모습, 특성, 자질 등 한 사람의 일부에 대한 미흡한 느낌을 말한다. 하지만 비난은 한 인간의 가치와 본질에 대한 공격이다. 총체적 인격을 무너뜨리는 보이지 않는 공격 행위인 셈이다. 예를 들어 옷을 갈아입고 아무 데나 벗어놓는 아이가 있다고 해보자. 엄마가 아이에게 "아무데나 옷을 벗어놓는 것이 엄마는 싫어!"라고 했다면 불만이 된다. 하지만 같은 행동에 대해 "몇 번이나 말해야 알아듣겠니? 너라는 인간은 도대체 왜 그 모양이야!"라고 한다면 그것은 비난이 된다.

불만을 느끼고 이를 비난으로 표현하는 것이야말로 모든 분쟁의 씨앗이다. 사람들이 화를 내고 싸우는 이유는 간단하다. 무시당하고 비난받았다는 느낌 때문이다. 부부문제를 포함해서 가족간의 갈등은 많은 부분이 이런 의사소통의 문제 때문에 발생한다. 즉, 문제를 문제만으로 국한하지 않고 문제를 존재 자체로 확대시키기 때문이다. 그러므로 기본적인 의사소통의 기술만 제대로 익혀도 관계의 갈등과 대립은 많이 줄어들 수 있다.

게으름도 마찬가지이다. 스스로 게으르다고 생각하는 사람들의 공통점 중의 하나는 '자기비난self-blame' 성향이 강하다는 것이다. 이들은 사소한 잘못과 게으름에도 '바보' '미쳤어!' '게으름뱅이!' '난 안 돼!' 등 습관적인 자기비난을 쏟아 붓는다. 이 넘치는 자기비난은 게으름을 꾸짖는 준엄한 목소리가 아니라 게으름이 가장 좋아하는 먹을거리이다. 알고 있는가? 게으름은 비난을 먹으면 더욱더 자라난다는 사실을! 비난은 게으름을 키우는 최고의 영양소이다.

나는 자기를 비난하는 성향이 강한 사람 치고 게으름에서 빠져나오는 사람을 지금까지 본 적이 없다. 중독환자들의 보호자들은 흔히 이런 질문을 한다. "이 환자는 중독에서 벗어날 수 있을까요? 희망이 있나요?" 난감한 질문이 아닐 수 없다. 정신과 의사라지만 과연 무엇을 보고 그 사람의 미래를 예측한다는 말인가? 하지만 방법이 전혀 없는 것은 아니다. 나의 경우 중독 회복을 예측할 때 고려하는 몇 가지 기준이 있다. 자기비난의 정도, 과거 최대 회복기간, 목표의식의 정도가 바로 그 기준들이다. 자기비난이 심하고, 과거에 중독으로부터 벗어난 기간이 짧고, 삶의 목표가 없으면 거의 모두 재발한다고 본다. 그 중에서도 자기비난은 가장 유력한 잣대가 된다.

잠시 화제를 돌려 흥미로운 이야기 두 가지를 소개할까 한다. 첫 번째 이야기는 미국 에모리대학의 뇌졸중 재활치료 전문의 스티븐 울프 박사의 연구 결과이다. 박사는 2006년 2월 19일자 연구보고서에서 성한 팔을 묶어서라도 마비된 팔을 억지로 사용하게 만들면 뇌의 회로 재구성을 촉진하여 보다 많은 회복신호를 보낸다고 발표했다. 울프 박사는 보통 정도의 뇌졸중을 겪은 지 3~9개월 된 환자 222명을 두 그룹으로 나누었다. 이때 한 그룹은 표준 물리치료를, 나머지 한 그룹은 성한 팔을 부목으로 묶어 사용하지 못하게 하고 매일 6시간씩 강도 높은 재활훈련을 실시했다. 그 결과 성한 팔을 묶어놓고 재활훈련을 한 그룹이 회복 정도가 훨씬 높다는 것을 알게 되었다. 즉, 약한쪽의 기능을 강화하려면 강한쪽을 억지로라도 쓰지 않게 할 필요가 있다는 것이 그의 결론이었다.

두 번째는 말더듬을 연구한 사람의 이야기이다. 한 연구자가 25명의 중증 말더듬을 가진 사람에게 이어폰을 주고 자신이 말하는 목소리가 들리지 않을 정도로 시끄러운 음악을 들려주었다. 그리고 책을 큰 소리로 읽도록 시켰다. 그런데 실험 결과 심하게 말을 더듬던 사람들이 눈에 띄게 읽기 능력이 개선됐다. 왜 그랬을까? 그것은 자신들이 말하는 소리를 스스로 들을 수 없었기 때문이다. 자신들의 말에 대해 스스로 평가를 내릴 수 없어지니까 말하는 데 지나치게 주의를 기울이지 않게 된 것이다. 즉, 평상시 가지고 있던 말더듬에 대한 과도한 자기비판과 감시가 약화되자 표현 능력이 즉각적으로 개선된 셈이었다.

두 가지 이야기를 인용한 이유는 우리의 마음 역시 두 실험과 비슷하다고 생각하기 때문이다. 사람의 손을 보자. 우리는 누구나 오른손잡이 아니면 왼손잡이이다. 우리의 마음에도 '마음잡이mindedness'가 있다. 아주 단순화시켜 말하면 사람을 '긍정적인 마음잡이positive mindedness'와 '부정적인 마음잡이negative mindedness'로 나눌 수 있다.

게으른 사람들 중에는 당연히 부정적인 마음잡이들이 많다. 그런데 게으름에서 벗어나려면 어찌되었든지 간에 변화의 결심이 뿌리를 내릴 때까지 버텨야 한다. 하지만 부정적인 마음잡이들은 그 시간을 참지 못하고 어린 싹에 양분 대신 제초제를 쏟아 붓는다. 그래서 부정적인 마음잡이들의 경우에는 부정적인 마음을 억지로라도 묶어놓을 필요가 있다. 그리고 어색하더라도 긍정적인 마음을 강화시켜줘야 한다. 사실 "잘할 수 있어" "난 괜찮은 사람이야" 같은 말을 스스로에게 건넨다는 것은 참 낯간지러운 일이다. 하지만 게으름에서 벗어나기 위해서는 자기비난을 중단하고 자기격려를 많이 하는 것이 중요하다. 정말 부끄러워해야 할 일은 자신을 비난하는 행위이지, 자신을 격려하는 행위가 아니다.

3 | 자기가치감을 회복하라

과거의 상처나 실패, 그리고 자기비난에서 벗어난다는 것은 손상된 '자기가치감 sense of self worth'을 회복한다는 의미이다. 누구나 인간으로서 가진 보편적 가치는 동일하다는 이야기는 너무 원칙적이어서 잘 와 닿지 않을 수도 있다. 사실은 나 역시 머리로는 이해하지만 가슴은 아니라고 할 때도 있다. 왜냐하면 우리는 태어나 자라면서 끊임없이 자의와 타의에 의해 타인과 비교되어왔기 때문이다.

특히 비교의 범위가 더욱 넓어지고 경쟁이 더욱 치열해지다보니 이제 오히려 사람의 가치는 사회적 지위나 소유의 정도에 따라 다르다는 것을 당연하게 여길 정도이다. 그렇다보니 지금은 평범한 사람들도 굉장한 스트레스를 받는다. 아니 그 이상이다. 남부럽지 않은 사람들마저 위를 쳐다보며 자신이 부족한 사람이라고 느끼며 살아간다. 자신의 가치감에 대해 부족하게 여기는 것이다.

이는 우리 사회에 어떤 모습으로 드러나고 있는가? 평균 체중에도 미치지 않는 사람들이 비만 클리닉을 점유하고, 충분히 예쁜 사람들이 반복적인 성형수술을 받고, 제 나이에 어울려 보이는 사람들이 피부 관리실을 찾는 세상으로 변해버린 것이다. 이 사회는 이제 '보통'이 아니라 '최상'이 기준점이 되어버렸다. 공부도 잘하고, 외모도 잘생기고, 집안도 좋고, 운동도 잘하는 '엄친아('엄마 친구 아들'의 줄임말. 이상적인 인물을 말하며 우리 사회 비교 스트레스의 심각성을 드러내주는 용어)'와 같은 존재가 비교의 기준이 되어버렸다.

결국 우리는 최상에 미치지 못하면 만족할 수 없는 삶을 살아가고 있는 것이다. 그것이 바로 우리가 더 많은 소유를 가지면서도 불행하다고 느끼는 이유이다. 보통 사람들이 불행하다고 느끼는 사회! 그것은 비극이다. 그 안에서 살아가는 우리는 끝없이 자신의 가치를 깎아내리고 스스로를 부정하고 있기 때문이다.

하지만 생각해보자. 우리는 자신의 약점과 한계를 외면해서는 안 되지만, 그렇다고 자신의 근본적 가치를 스스로 부정해서도 안 된다. 어떤 재난이나 고통을 겪더라도 근본이 무너지지 않는 사람은 반드시 승리하는 법이다. 누구나 저마다의 가치와 재능이 있다고 믿는 사람은 절대 게으를 수 없다. 반대로 자신의 가치를 스스로 허무는 것은 게으름의 나락으로 떨어지는 지름길임을 명심해야 한다.

세상을 살면서 나만의 재능이 있고 나의 몫과 쓰임이 있다고 믿자. 오직 나만이 부를 수 있는 노래가 있고, 오직 나만이 출 수 있는 춤이 있으며, 오직 나만이 쓸 수 있는 글이 있다고 믿자. 그리고 이를 계발하려고 노력하자. 그러한 태도를 견지할 때 상처받은 가치감도 서서히 아물 것이며 게으름도 물러갈 것이다.

두려움과 자기비난을 넘어서는 방법

1. 비전을 다시 한 번 검토하라

두려움 때문에 앞으로 나아갈 수 없다면 우선 두 가지 가능성을 생각해보아야 합니다. 첫째로, 스스로 정한 비전이 진짜 비전이 아닐 가능성이 있습니다. 두려움만 있고 설렘이 없다면 그것은 비전이 아니기 때문입니다. 힘들겠지만 다시 비전을 세우고 궤도화하는 작업이 필요합니다. 또 하나의 가능성은 고통스러운 과거 때문에 두려움으로 가득한 경우입니다.

2. '반전 카드'를 작성하라

인간이라면 누구나 실패, 학대, 이별, 수모, 고통, 배신 등 여러 가지 상처가 있기 마련입니다. 치유되지 않은 상처는 다양한 형태로 현실을 왜곡시키고 삶의 에너지를 빼앗아갑니다. 혼자서 해결하기 어려운 상처가 있다면 전문가의 도움이 필요합니다. '안구운동 민감 소실 및 재처리 요법EMDR' 등을 포함하여 다양한 심리훈련 방법이 있습니다. 강력한 자극으로 인해 적절히 해소되지 못하고 뇌의 회로 속에 갇혀버린 고통스러운 감정, 기억, 감각 등을 교정할 수 있습니다. 그 외에도 전문가들은 여러 가지 방법으로 당신이 고통스러운 과거를 떠나보내도록 도와줄 것입니다.

실천지침

하지만 이 책에서는 누구나 할 수 있는 비교적 간단한 방법 하나를 소개할까 합니다. 일명 '반전 카드'입니다. 과거의 상처가 자극되어 부정적인 마음이 되살아날 때 이를 반전시킬 만한 신념을 적은 카드를 말합니다. 요령은 이렇습니다.

과거의 상처를 자극하는 일상의 상황과 그때 느끼는 생각과 감정을 적은 다음, 이에 대한 진실을 적습니다. 그리고 향후의 다짐을 적어 이를 수첩이나 지갑에 보관하고 다니는 것입니다. 과거의 상처를 자극하는 상황에 노출할 때 이 카드를 읽음으로써 부정적 사고와 감정 상태에서 빠져나오는 것입니다. 요령은 과거의 상처를 적고, 그 상처에 대한 책임을 구분하여 어른들의 책임과 자신의 책임을 구분짓고, 향후 어떤 마음으로 살아가겠다는 새로운 마음을 적는 것입니다. 역시 구체적 사례를 소개하는 것이 좋겠지요?

J씨(회사원, 32세)는 열등감을 자주 느끼며 실패에 대한 두려움으로 인해 도전을 잘 하지 못합니다. 그는 성공과 성취를 중시하는 부모님 아래에서 2남 1녀 중 차남으로 자라났고, 상대적으로 공부도 잘하고 모범생이었던 형과 자주 비교를 당했습니다. 어린 시절 자존심에 상처를 준 몇 가지 사건들을 그는 선명하게 기억하고 있습니다. 그가 쓴 반전 카드입니다.

• J씨의 반전 카드

난 사람들 사이에서 열등감을 느끼고 쉽게 게을러진다. 남이 나보다 더 잘하는 것이 있거나 내가 잘 못하는 것이 있으면 나는 한없이 작아지는 느낌이 든다. 그럴 때면 나라는 인간이 쓸모 없는 사람처럼 여겨지고 '난 왜 이 모양일까?' 라는 생각이 자동적으로 떠오르면서 아무것도 하기 싫어진다. 하지만 내가 중얼거리는 이 말은 사실 나의 말이 아니다. 이것은 엄마가 나에게 자주 했던 말("넌 왜 그 모양이니?")의 변형일 뿐이다.

내가 이렇게 다른 사람과 나를 자꾸 비교하고 열등감을 느끼는 것은 어린 시절부터 부모님이 형과 나를 비교했던 영향이 크다. 그러나 그것을 받아들이고 확대시키고 때로 이용한 것은 분명히 나의 책임이다. 이제 선택권은 나에게 있다. 나는 좀더 밝고 균형 있는 눈으로 세상과 나를 바라보리라 결심했다. 나는 내가 가진 가능성과 잠재력을 믿는다. 나는 남의 장점과 비교하느라 정작 나의 재능들을 계발하지 못했을 뿐이다. 하지만 나는 믿는다. 나에게 우수한 재능과 좋은 덕목이 있으며 나는 무엇을 이루었느냐와 상관 없이 '나' 자체로 가치 있는 존재라는 것을. 나는 앞으로 위험성과 가능성을 함께 볼 것이며 나의 선택에 만족하고 전적인 책임을 질 것이다. 최상의 선택이란 무엇을 고르냐에 달려 있지 않고, 자신의 선택이 좋은 결과로 이어지도록 최선의 노력을 다하는 것임을 명심할 것이다. ○○○, 화이팅!

3. 비난형 자기대화를 중단하고 격려형 자기대화를 시도하라

울프 박사의 실험처럼 변화의 초기에는, 특히 적어도 한 달 이상은 어떻게

실천지침 --

해서든 부정적인 마음을 결박하여 긍정적인 마음잡이가 되어야 합니다. 재활훈련을 위해 성한 팔을 묶으면 얼마나 불편하겠습니까? 하지만 성한 팔을 쓰고 싶은 충동을 억누르고 불편한 팔을 자꾸 사용할 때 재활이 빨리 이루어지듯, 게으름에서 벗어나는 과정 역시 마찬가지라고 생각합니다.

부정적인 마음잡이가 갑자기 긍정적인 마음잡이로 살아가는 것도 처음엔 참 불편할 것입니다. 마치 오른손잡이가 어느 날부터 왼손으로 밥을 먹는 것과 비슷하다고 해야 할까요? 하지만 그렇게 해야 합니다. 그래야만 긍정적인 마음이 강화될 수 있습니다. 당신이 비관주의자라면 어느 날 하루아침에 낙관주의자로 바뀔 수 없습니다. 그 중간에 낙관주의자 행세를 하고 사는 수밖에 없습니다. 안 좋은 말로 하면 행세인 셈이고 좋은 말로 말하면 훈련을 하는 것입니다. 이를 통해 변화의 싹을 지켜나가야 합니다.

당신이 게으름에서 벗어나겠다고 결심했다면 이를 하나의 생명체로 대해야 합니다. 아이가 생기면 산보가 늘 좋은 밀, 좋은 몸가짐, 좋은 마음을 갖기 위해 애를 쓰듯, 변화의 싹을 위해 지지와 격려를 보내주는 것이 절대적으로 필요합니다. 적어도 한 달 동안은 부정적인 마음을 포박하고 자신에 대해 좋은 말을 아끼지 않을 것을 약속할 수 있겠습니까? 아래 소개해드리는 자기격려의 방법을 잘 습득하여 일상에서 자연스럽게 자신을 격려하기를 바랍니다.

1) 습관적으로 내뱉는 자기비난을 적어보세요.

2) 자신에게 지금 필요한 자기격려의 내용을 적어 매일 자기격려를 합니다. 자기 전이나 기상 직후에 하는 것이 좋습니다. 다음은 자기격려 문장을 정할 때 고려할 사항입니다.

- 현재형 혹은 현재 진행형으로 작성합니다. 예를 들면 '나는 어제보다 나은 오늘을 살아가고 있어'처럼 진행형으로 마무리를 합니다.

- 자기존재감을 향상시키기 위한 일반적인 자기격려와 특정 목표나 행동을 강화하기 위한 구체적인 자기격려를 병행합니다. 예를 들면 '나는 나를 소중하게 대하고 있어'와 같은 일반적인 자기격려와 '나는 매일 평일 저녁에 다음 날 일에 대하여 계획을 세우고 기록하고 있어'와 같은 구체적인 자기격려를 병행합니다.

- 스스로 묻고 답하는 방식의 자기격려를 합니다. 칭찬도 그냥 칭찬하는 것보다는 구체적인 근거를 가지고 칭찬하면 더 신뢰가 가고 효과적인 것처럼 자기격려도 마찬가지입니다. 이를 위해 스스로 자기격려의 문장 끝에 '왜냐하면?' '어떻게 하면?'이라는 질문을 넣어 자기격려를 하는 것입니다. 위의 자기격려문을 예로

들면 '나는 나를 소중하게 대하고 있어. 왜냐하면? 이 세상에 나는 유일무이한 존재이니까'와 같이 시행합니다.

3) 일상에서 자기비난의 생각이나 혼잣말이 튀어나오면 '그만!' '안 돼!'라며 자기비난을 멈추고 스스로 정해놓은 자기격려문을 반복함으로써 자기비난의 마음이 약화되도록 노력합니다. 이는 의도적으로 노력하지 않으면 쉽지 않을뿐더러 처음에는 어색할 것입니다. 그러나 그렇더라도 꾸준히 해야 합니다. '자기지지self-support' 능력을 향상시키지 않고서는 결코 게으름에서 벗어날 수 없기 때문입니다.

4. 이완 훈련과 명상을 배워라

이완 상태는 자기비판 기능과 불안, 두려움의 감정을 누그러뜨립니다. 반대로 창의성은 고조됩니다. 그래서 이완 상태에서 미래를 구상하는 것이 중요합니다. 깊은 이완 상태에서는 부정적인 생각이 잘 떠오르지 않습니다. 불안과 이완은 양립할 수 없습니다. 왜냐하면 불안과 두려움은 이완의 반대인 긴장을 의미하기 때문입니다.

Key 5
긍정적 습관을 만들어라

처음에 언급했던 것처럼 이 책에서 말하는 모든 것들을 다 따라할 수는 없다. 다시 부탁하건대 언제라도 마음이 머무는 대목이 있다면 일단 멈추길 바란다. 그리고 그 부분을 자신의 삶에 어떻게 반영할지 깊이 있게 검토해봤으면 좋겠다.

다섯 번째 열쇠는 습관의 변화에 대한 이야기이다. 사실 모든 인간의 탄생은 수동적이다. 출생 자체는 스스로 선택할 수 있는 것이 아니기 때문이다. 하지만 인간은 한 번만 태어나는 것이 아니다. 사람은 삶의 목적과 사명을 발견할 때 새롭게 태어난다. 그래서 그때를 가리켜 '제2의 탄생'이라고 부른다. 제1의 인생은 주변의 요구와 사회적 흐름 속에서 수동적으로 살아가는 경우가 많다. 하지만 제2의 탄생은 인생의 참 주인으로 살아가는 시발점이 된다.

루소는 청소년 시기를 가리켜 '제2의 탄생'이라고 표현했지만 나는 그 표현을 다르게 사용하고 싶다. 즉, 특정 연령대가 아니라 어느 때라도 삶의 목적과 사명을 발견한다면 우리는 그 시기를 '제2의 탄생'이라고 부를 수 있다. 특정 시점이 되었다고 누구나 새롭게 탄생하는 것이 아니기 때문이다. 제2의 탄생이라는 표현이 선언적 의미라면, 변화의 실체는 습관적 행위의 교체 과정을 통해 드러난다. 마음이 달라지면 결국 행동의 변화는 따라오게 되어 있다. 이제 자신의 비전에 비추어보았을 때 어떤 습관이 문제이고, 이를 어떻게 바람직한 습관으로 교체해나갈지 검토해보자.

▪ 게으름 탈출 = 좋은 습관 만들기

변화는 마음의 자각에서 시작하여 습관의 변화로 이어진다. 게으름에서 벗어나려면 좋은 습관들을 만들면 된다. 문제는 그게 어렵다는 것이다. 습관을 변화시킨다는 것은 단순히 행위를 바꾸는 것을 의미하지 않는다. 생각, 감정, 가치, 신념 등을 바꿀 때 비로소 습관도 바뀔 수 있다. 습관을 바꾸려면 습관이 어떻게 시작되었고, 무엇을 먹고 자라왔으며, 그 뿌리는 어디까지 펼쳐져 있는지 등 그 기원과 상태를 잘 알아야 한다. 하지만 이 역시 쉽지 않다. 왜냐하면 습관은 무의식적으로 형성된 경우가 많기 때문이다.

습관은 '만족'을 주는 어떤 행위를 '반복'했을 때 만들어진다. 나쁜 습관과 좋은 습관의 차이는 만족의 내용에서 비롯된다. 나쁜 습관은 '수동적인 만족'을 추구하다가 만들어지고, 좋은 습관은 '능동적인 만족'을 추구했을 때 만들어진다. 예를 들어 중독과 같은 부정적인 습관은 외부의 약물, 물질, 수단에 의지해 만족을 찾다가 생겨난다. 게으름 역시 일종의 습관이라 할 수 있다. 해야 할 일을 피해버리고 일시적인 편안함을 추구하는 것이 반복되다보니 생겨난 것이다. 대개 그때의 만족감이란 쾌락, 편안함 혹은 안전감을 의미한다. 반대로 좋은 습관은 자신의 강점과 미덕을 발휘하여 도전을 통해 얻게 되는 능동적인 만족감을 바탕으로 생겨난다.

중독환자들을 지켜보면서 나는 회복하는 사람들의 특성이 무엇인지 늘 주시해왔다. 그 결과, 회복하는 사람들에게는 부정적 중독행위를 대체할 '긍정적 대체물Positive substitute'이 있다는 것을 알게 됐다. 그들은 긍정적 대체물을 중심으로 꾸준히 하루를 점검self-monitoring하고 있었다. 중독행위를 끊어야 한다는 강박관념에서 벗어나 자신이 원하는 행위를 매일 반복했던 것이다.

물론 긍정적 대체물은 사람마다 모두 다르기에 자신에게 현실적으로 가장 잘 맞는 대체물을 찾는 것이 중요하다. 어떤 이들은 매일 산행을 하고, 어떤 이들은 매일 일정 시간 동안 성경책을 필사하기도 하고, 복지시설에 가서 봉사활동을 하기도 한다. 또 어떤 이들은 매일 일기를 쓰고, 어떤 이들은 매일 신앙 활동을 하고, 어떤 이들은 기존의 일에 몰두하거나 새로운 일에 도전한다. 중요한 것은 그 행위들이 중독물만큼은 아닐지라도 심리적 위안과 만족감을 안겨준다는 것이다.

게으름에서 벗어날 때도 마찬가지이다. 게으름과의 싸움에 매달리기보다 자신이 원하는 긍정적 행위들을 반복해서 습관화할 필요가 있다. 그러기 위해서는 자신의 재능과 핵심역량을 잘 파악하고 이를 강화시킬 수 있는 행위를 선택하는 것이 좋다. 그래야 재미있고, 자주 할 수 있게 되고, 자주 하게 되면 뇌에 뚜렷한 길을 남길 수 있기 때문이다. 그러다보면 마치 향이 옷에 배듯 좋은 습관이 자연스럽게 몸에 배게 된다. 결국 마음의 중심을 차지했던 게으름은 주변으로 밀려난다.

■ 헛된 노력 vs. 값진 노력

게으른 사람일수록 성실함을 잘 믿지 않는다. 그들은 자신이 성실한 사람이 아니라고 생각하기도 하지만, 또 한편으로는 몇 차례의 노력이 실패로 돌아갔기에 노력의 힘을 잘 믿지 않는다. 그들은 요행과 비법을 찾으려 든다. 그들은 게으름에서 벗어날 수 있는 계단이 눈앞에 있는데도 이를 올라가지 않는다. 일거에 목적지에 도달할 엘리베이터만을 찾아다닌다. 하지만 게으름 탈출의 비결은 가장 단순하다. 바로 노력이다. 이 대목에서 화가 나는 독자가 있을지 모르겠다. '누가 그런 말을 몰라!' '고작 그런 이야기하려고 이렇게 뜸을 들였어!'라는 생각이 먼저 들 수도 있다.

그러나 다시 한 번 생각해보자. 결국 핵심은 노력일 수밖에 없다. 여기에 좀더 덧붙이자면 '꾸준한 노력'을 기울이는 것이 중요하다. 사실 누구나 할 수 있을 것 같지만 정작 누구나 할 수 없는 것이 노력이다. 그러므로 무작정 노력하자는 말로 그 해법을 제시해서는 의미가 없다. 중요한 것은 어떻게 해야 꾸준히 노력할 수 있는지 더욱더 깊이 있게 접근할 필요가 있다.

앞에서 노력이 중요하다고 했지만 나는 모든 노력이 값지다고 생각하지는 않는다. 삶의 발전은 결코 노력 없이 이루어질 수 없지만 그렇다고 노력한다고만 해서 되는 것은 아니다. 노력이라고 다 같은 노력이 아니다. 편의상 노력을 '값진 노력'과 '헛된 노력'으로 나누어보자. 먼저 헛된 노력이란 안 되는 것을 되게 하려고 하거나, 잘할 수 없는 것을 잘하려고 하는 것을 말한다. 즉, 억지로 노력하는 것이다. 그런 노력은 우리를 한없이 지치게 만들고 비참하게 하고, 결국 게으르게 만들어버린다. 우리에게 필요한 것은 값진 노력이다. 이는 자연스럽다. 자신이 가진 것 중에서 가장 잘하는 것을 기반으로 해서 노력하기 때문이다. 자신의 본성에 충실한 것이다. 그것이야말로 게으름에서 탈피할 수 있는 값진 노력이 된다.

■ 작은 승리를 뭉쳐라

저는 11살 때 주식을 시작했습니다. 돈을 모으는 것은 눈덩이를 언덕 아래로 굴리는 것과 비슷한 면이 있습니다. 눈을 굴릴 때는 긴 언덕 위에서 하는 게 중요합니다. 저는 56년짜리 언덕에서 굴렸습니다. 또한 잘 뭉쳐지는 눈을 굴리는 것이 좋습니다. 처음 시작할 작은 눈뭉치(종자돈)가 필요할 것입니다. 저는 〈워싱턴 포스트〉 신문을 돌려서 그걸 마련했습니다. 지나치게 서두르지 않는 게 좋고 올바른 방향으로 오랫동안 지속하는 게 중요합니다.

위에 인용한 워렌 버핏의 말에서 알 수 있듯, 투자와 인생은 크게 다르지 않다. 특히 공통적으로 종자돈이 필요하다는 점에서 더욱 그렇다. 삶에서의 종자돈이란 자신의 꿈을 펼쳐나갈 발판을 마련하는 것이다. 그 발판은 물론 스스로 만들어야 한다. 워렌 버핏이 신문을 돌려서 종자돈을 마련했고, 스티브 잡스가 빈 콜라병을 주워서 서체 교육을 청강했듯이 말이다.

게으름에서 벗어나는 데 있어서 종자돈이란 일상의 작은 승리를 뭉치는 것이다. 게으름에서 벗어나려면 상승곡선을 탈 수 있는 구름판이 꼭 필요하다. 앞에서도 이야기한 것처럼, 게으름에서 벗어나지 못하는 사람들은 '학습된 무력감'을 가지고 있다. '난 해도 안돼!'라는 뿌리 깊은 마음이 있다. 이 무력감을 '어? 나도 하니까 되네!'라는 도전의식으로 바꾸는 것이 관건이다. 특히 게으름이 만성화된 사람들은 자신이 관념적으로 정해놓은 한계 밖으로 한 발짝만 벗어나면 무슨 큰일이 벌어질 것처럼 생각한다. 때문에 무력감과 게으름이 클수록 아주 작은 계획을 세워 첫 시도를 승리로 장식해야 한다. 그리고 이를 적극적으로 자축하고 좀더 영역을 넓히거나 다른 영역으로 그 기술을 확장시켜야 한다. 그래서 일상이 작은 승리들로 물결치게 만들어야 한다.

'일상이 작은 승리로 물결치게 하라!' 이것이 중요하다. 이를 위해서는 목표를 더 세분화해야 한다. 절대 첫 시도에 무리해서는 안된다. 마치 첫 걸음을 뗀 아이처럼 나아가야 한다. 오늘 한 걸음을 걸었으면 그 다음은 뛰어가는 것이 아니라 두 걸음을 걷는 것이다. 근사함이 우리의 목표가 되어서는 안 된다. 우리는 기꺼이 옹졸함을 선택해야 한다. 실속을 따지지 말라. 제일 가벼운 것을 들어야한다. 우리가 지금 하려는 일은 게으름에서 벗어나는 것이지 신기록에 도전하는 것이 아니다. 지금 단계에서 필요한 것은 앞으로의 긴 여정에서 궁극적인 승리를 약속하는 작은 전리품을 획득하는 것이다. 변화의 눈뭉치는 몇 개의 '작은 선택'과 '작은 승리'로 만들어진다. 중요한 것은 이를 바탕으로 추가적인 성취를 이뤄나가는 것이다.

실천지침

긍정적 습관을 만들어가는 법
_'한 걸음 한 걸음 step by step' 전략

1. 우선 '난 게을러!'라는 생각을 지워라

우리는 존재 자체이지 행동 그 자체가 아닙니다. 존재와 행동을 분리시킬 수 있다면 우리는 보다 앞으로 나아갈 수 있습니다. 당신이 게으르다면 오히려 게으름과의 비동일시非同一視가 필요합니다. 습관과 나는 동일한 것이 아니라는 인식이 필요합니다. '나라는 인간은 원래 게을러'라는 믿음에서 벗어나 '게으름이 잠시 나를 감싸고 있을 뿐이야! 내 본모습은 이렇지 않아!'라는 마음을 가져야 합니다. 게으름은 피부가 아니라 벗어버릴 수 있는 옷과 같은 존재입니다. 뱀이 허물을 벗듯, 화초의 성장을 위해 분갈이를 하듯 우리도 성장을 제한하는 낡은 틀을 갈아야 합니다.

2. 부정적 습관 목록을 작성하고 그 의미를 파악하라

게으름을 잘 드러내주는 부정적 습관을 떠올려보십시오. 자신이 중요하다고 생각하는 가치에 맞지 않는 습관을 찾아보고, 그 습관은 어떤 조건과 상황에서 잘 나타나며 자신에게 어떤 심리적 위안이나 이득을 주고 있는지 살펴봅니다. 다음으로 부정적 습관 대신 심리적 위안이나 이득을 대체

할 수 있는 긍정적 습관으로는 무엇이 있을지 떠올려봅니다.

부정적 습관 목록	출현 상황	심리적 효과

3. 게으름을 밀어낼 긍정적 대체물을 마련하라

게으름을 대체할 긍정적 행위를 설정할 때는 신중해야 합니다. 몇 가지 원칙을 상기하면서 찾아보아야 합니다. 첫째, 부정적 습관이 주었던 위안이나 재미를 대체할 수 있어야 합니다. 둘째, 약점이 아닌 자신의 강점을 이용하여야 합니다. 셋째, 반복할수록 향상되는 느낌을 받을 수 있는 행위가 좋습니다. 넷째, 부담이 없어 매일 할 수 있을 정도여야 합니다. 다섯째, 다른 사람들과 관심사를 나누거나 함께 하는 것이라면 더욱 좋습니다.

사람마다 그 행위는 천차만별입니다. 달리기, 수영, 암벽 타기, 자전거 타기, 등산, 사진 촬영, 명상, 요가, 독서, 글쓰기, 뜨개질, 십자수, 집안 꾸미기, 모형 만들기, 그리기, 가구 만들기, 화초나 정원 가꾸기, 봉사활동, 서예, 산책, 일기 쓰기, 요리, 노래, 춤, 기도 등 수도 없이 많습니다. 다시 말하지만 수많은 활동 중에서 자신이 좋아하고 잘하는 활동을 찾는 것이 관건입니다. 우리는 스스로 선택한 이러한 대체물을 통해 부정적 습관이 주었던 심리적 위안을 얻고 게으름과 맞설 질서를 되찾습니다. 그러한 행위들을 반복하면서 우리의 삶은 보다 만족스러워지고 동시에 앞으로 나아가고 있다는 느낌을 받게 됩니다. 때로는 그 속에서 깊은 통찰력, 창조적 희열, 몰입감 등을 경험하기도 합니다.

1) 당신의 게으름을 밀어낼 긍정적 대체물로는 무엇이 좋을까요?

_____

2) 이를 매일 혹은 정기적으로 반복할 수 있으려면 어떻게 해야 할까요? '주변에 알린다' '종이에 적어 붙인다'와 같이 구체적인 방법들을 모색해 세 가지 이상 적어보세요.

① _____

② _____

③ _____

4. 첫 발은 반드시 승리로 장식하라

게으름을 밀어낼 긍정적 대체물을 정했다면 아주 작은 목표부터 시작해야 합니다. 너무 쉬워서 지키지 않을 수 없을 정도가 되어야 합니다. 예를 들면 3일 동안의 계획을 세우고 작심삼일을 목표로 3일이 지나면 또 3일짜리 계획을 세웁니다.

중요한 건 첫 승리를 확보해서 발판을 마련한 다음 확장시켜 나가는 것입니다. 말 그대로 '한 걸음 한 걸음step by step' 전략이 필요합니다. 한 걸음 한 걸음이 부담스럽다면 '반 걸음 반 걸음' 전략을 세워도 좋습니다. '좋은 글 읽기를 생활화하는 습관'을 예로 들어 설명하겠습니다.

1) 이틀 내에 아침에 좋은 글을 배달하는 메일링 서비스에 가입하는 것을 첫 번째 목표로 삼을 수도 있습니다. 찾아보면 그런 무료 서비스는 참 많습니다.

2) 일주일 동안 메일을 확인할 때 신청한 메일링 서비스를 제일 먼저 읽는 것을 두 번째 목표로 삼습니다. 이어 세 번째 목표는 일주일 동안 배달되는 편지를 프린트하여 자신의 책상에 붙여놓는 것으로 정합니다.

3) 세 번째 목표까지는 꼭 달성해야 합니다. 그리고 달성했다면 쑥스

럽더라도 자축하십시오. 작은 승리에 걸맞는 작은 보상을 하세요. 자신에게 작은 선물을 하거나 작은 사치를 부리는 것입니다. 그리고 이러한 결과를 발판 삼아 좀더 상위의 목표에 어떻게 적용할 수 있을지를 계획해봅니다. 예를 들어 '글 쓰는 것을 생활화하는 습관'을 갖고 싶다면 위의 승리를 어떻게 확장시킬 수 있을지 검토해 보는 것입니다.

5. '변화의 베이스캠프'를 구축하라

이제 위에서 이룬 작은 승리를 바탕으로 과거의 성취 경험을 한데 모아 변화의 베이스캠프를 만들어야 합니다. 베이스캠프에는 사소하더라도 자신의 노력으로 얻은 승리의 경험과 긍정적인 자원들이 보관되어 있어 앞으로의 긴 변화 과정에 든든한 버팀목 역할을 해줄 것입니다.

1) 지금까지 살아오면서 자신이 이룬 긍정적 성취 경험을 적어봅니다. 작고 사소한 것이라도 빠뜨리지 말고 3~5개를 채워 넣습니다. 그때의 기분을 오감을 이용하여 생생하게 재현하면서 쓴다면 더욱 좋습니다. 눈 앞에 펼쳐진 광경, 들리는 소리, 몸의 느낌과 감각 등을 떠올리며 써내려가십시오.

① _____

_____

② _____

_____

③ _____

_____

2) 위에서 언급한 과거의 성취 경험을 똘똘 뭉칩니다. 그리고 이를 마
  음 안에 '베이스캠프'라는 방을 만들어 그곳에 함께 보관합니다. 이
  마음의 방은 당신이 새로운 긍정적 습관을 형성해나가는 데 있어
  베이스캠프의 역할을 담당하는 곳입니다.

6. 긍정적 습관 형성에 어려움이 생길 때마다 베이스캠프에서 다시 시작
   하라

새로운 습관을 형성하는 데 있어 꼭 난관을 예상해야 합니다. 새로운 습관
은 결코 쉽게 정착되지 않습니다. 과거 습관의 관성이 있고 낡은 생각이
있기 때문에 새로운 습관 형성은 번번이 장애에 부딪히고 무산되기 쉽습
니다. 중요한 것은 이를 처음부터 예상해야 합니다. 순탄하게 계획대로 잘

풀려나갈 것이라고 예상하는 것은 자신감이 아니라 변화에 따른 저항을 헤아리지 못하는 순진함에 불과합니다. 긍정적 습관 형성이 무산될 위기에 처하면 일단 당신은 과거의 성취경험이 보관되어 있는 '베이스캠프'로 복귀해야 합니다. 이곳에서 과거의 성취경험을 떠올리며 그때의 교훈과 기분과 자원을 활용하여야 합니다. 어떻게 긍정적 습관을 다시 정착시키도록 노력할지 전략을 수정하고 방법을 개선하여 베이스캠프에서부터 다시 출발합니다.

Key 6
긍정 에너지 네트워크에 연결하라

새로운 시도가 좌절과 포기로 이어지는 이유 중 하나는 혼자 고립되어 노력하는 것도 포함되어 있다. 게으름이 심할수록 에너지가 바닥이기 때문에 자력으로 벗어나기는 쉽지 않다. 게다가 알다시피 어떤 결심이든 시간이 흐를수록 흐트러지기 쉽다. 어제 한 결심은 오늘 느슨해지기 쉽고, 내일은 더 풀어지기 쉬운 법이다. 물론 대단한 결심을 했거나 결심한 사람이 의지가 강하고 자기통제력이 뛰어나다면 다를 수 있다. 하지만 게으름에 오래 빠져 있었다면 이미 의지와 자기통제력이 약해질 대로 약해진 상태이다. 때문에 게으름에서 빠져나오려면 어느 정도의 기간 동안은 자기 외적인 통제력이 요구된다. 자기 외적인 통제력을 부정적으로 볼 필요는 없다. 왜냐하면 우리의 성장 자체가 본질적으로는 외부의 도움을 필요로 하는 것이기 때문이다. 진정한 자율성이 꽃 피려면 어느 정도의 타율성이 필요한 법이다.

게으름에서 벗어나고자 하는 초기에는 다른 사람들의 격려와 지지가 절대적으로 중요하다. 물론 누군가의 도움을 받더라도 그것은 강을 건너는 나룻배라고 생각하는 것이 좋다. 즉, 강을 건너가고 나서는 홀로 길을 떠날 마음가짐을 하고 나룻배를 올라타야 한다. 그러나 자신의 상태는 살펴보지도 않고 모든 도움과 지원을 거부하는 사람들이 있다. 그들은 강을 앞에 두고 수영도 못하면서 배에 오르려고 하지도 않는다. 그냥 강물 건너편만을 바라볼 뿐이다. 어쩌면 누군가 나룻배에 오르라고 떠밀어주는 것을 기대하고 있는지도 모른다.

혼자 하는 변화는 어렵고 외롭다. 특히 게으름의 문제에서 벗어나는 것이라면 쉽게 지치고 회의에 부딪힌다. 그러므로 비슷한 어려움을 가진 사람끼리 서로의 지혜와 힘을 합쳐서 문제를 풀어가는 자세가 중요하다. 흔히 이런 성격의 조직을 자조모임self-help group이라고 한다. 외국에는 중독 문제뿐 아니라 특정 질병에 걸린 사람들끼리 모이는 이런 모임이 참 많다. 우리나라에서도 인터넷이 활성화되고 평생학습이 강조되면서 다양한 조직들이 자생적으로 생겨나고 있다.

자조모임 중에 가장 많이 알려진 조직으로는 '익명의 알코올 중독자들AA: Alcoholic Anonymous'이라는 단주모임을 들 수 있다. 그들은 서로가 서로에게 협심자協心者가 되어 회복의 길로 이끌어준다. 멘토링의 살아 있는 역사라고 해도 과언이 아닐 것이다. 주변을 둘러보면 삶의 변화와 도전을 일깨워주는 프로그램과 관련 커뮤니티가 많아졌다. 자력으로 게으름에서 벗어나기 힘들다고 느낀다면 자신의 취향과 정서에 맞는 조직을 선택하는 것도 좋다.

사실 게으름의 문제는 단시간에 벗어날 수 있는 것이 아니다. 그렇다고 개인의 의지만을 탓할 수도 없다. 방향과 방법, 그리고 주변 환경과의 관계가 중요하다. 아무리 주관이 뚜렷하고 자기세계가 분명한 사람이라 하더라도 다른 사람들이나 환경에 의해 영향을 받지 않는 사람은 없다. 얼마나 받느냐의 차이만 있을 뿐이다. 그것은 우리의 마음이라는 것이 반개방 구조이기 때문이다.

　우리는 자신의 의사와 상관없이 다른 사람들과의 관계에서 계속 에너지를 주고받으며 살아가고 있다. 서로 주고받는 말과 행동은 다시 말하면 에너지를 주고받는 것이 된다. 그렇기에 부정적인 사람들과 같은 환경에 놓여 있으면 우리들의 마음은 부정적인 방향으로 바뀌기 쉽다. 반대로 긍정적이고 꿈이 있는 사람들과 함께 있으면 우리들의 마음 역시 긍정적인 방향으로 바뀌기 쉽다.

　한번 돌아보자. 주위의 사람들과 환경으로부터 계속 부정적인 에너지를 건네받고 있는 것은 아닌가? 게으름에 깊이 빠져 있을수록 부정적인 사람들과 환경에 처해 있기 쉽다. 게으른 사람들은 부정적인 에너지가 강한 사람들과 연결되어 있는 경우가 많다. 예부터 유유상종이란 말을 하지 않았던가. 사람들은 비슷한 정서 색깔을 가진 사람들에게 친밀감을 경험하기 때문에 아무래도 그럴 수밖에 없다.

　그러므로 게으름에서 빠져나오려면 부정적인 사람들과 환경에 어떤 식으로든 칸막이를 치거나 혹은 환경을 바꾸는 것을 적극적으로 검토해야 한다. 환경을 바꿈으로써 우리는 삶의 에너지를 향상시키고 에너지 손실을 최소화할 수 있다. 삶의 에너지는 순환된다. 당신이 보다 발전적인 사람이 되고 싶다면 말 그대로 발전적인 사람들과 환경에 연결하는 것이 필요하다. 그러한 연결이 많아질수록 당신의 긍정 에너지 수위도 더욱 높아질 것이다. 연결하고 또 연결하라! 그래서 긍정 에너지 네트워크를 만들어라!

긍정 에너지 네트워크를 만드는 방법

1. 삶의 에너지가 충만한 사람들을 가까이하고 건강한 조직을 찾아라

삶의 긍정 에너지를 주고받을 수 있는 조직을 찾아봅니다. 자기계발과 관련된 커뮤니티일 수도 있고, 학습조직이 될 수도 있고, 긍정적 습관을 함께할 수 있는 모임일 수도 있고, 혹은 신앙 활동을 함께하는 모임일 수도 있습니다. 공통적 관심사와 활동을 공유할 수 있는 단순한 친목 이상의 모임이 좋습니다.

당신이 게으름에서 벗어나기를 원한다면 아무나 만나지 마시길 바랍니다. 당신의 주변에는 꿈을 실현하기 위해 노력하는 사람이 적어도 한 명 이상은 있어야 합니다. 부정적 에너지가 강한 사람들은 의도적으로 멀리하십시오. 그리고 어느 정도의 시간이 지나 그들에게 휩쓸리지 않고 오히려 당신의 긍정적 에너지를 나누어줄 상태가 되었다면 그때 만나십시오. 당신이 게으름으로부터 벗어나 삶의 에너지가 충분하다고 느낄 때가 된다면 이번에는 직접 비슷한 관심사를 가진 사람들을 대상으로 커뮤니티나 조직을 꾸려보십시오. 이는 당신에게 더 지속적인 에너지를 줄 것입니다.

* 나의 친구 중에 _____ 는 꿈을 위해 노력하는 사람이다.

실천지침

* 내가 참여하고 싶은 조직은 _____이다.
* 내가 만들고 싶은 모임은 _____이다.

2. 누군가 당신을 따뜻하게 지켜보고 있다고 생각하라

영국 뉴캐슬대학 연구팀은 대학 구내식당을 자율적으로 운영하기 위해 무인계산대를 설치하고, 식당의 메뉴판에 부착된 사진을 여러 가지로 바꿔보는 실험을 실시했습니다. 그 결과, 꽃이나 다른 사물의 사진에 비해 사람의 눈 사진을 붙였을 때 돈이 2.8배 더 걷혔다고 합니다. 이 실험 결과는, 사람은 누군가 지켜보고 있다는 느낌을 받을 때 더 좋은 행동을 한다는 것을 말해주고 있습니다.

이 사실을 입증해줄 대표적인 인물은 미국의 전 국무장관을 지낸 콜린 파월입니다. 자메이카 이민 2세로 가난한 집안에서 자란 그는, 어떤 곳에서 어떤 일을 하더라도 '나는 모르지만 누군가는 나를 보고 있다'는 마음으로 자신의 일에 충실했다고 합니다. 그러한 책임감 있는 태도로 인해 그는 유색인종이라는 한계에도 불구하고 미국 합참의장과 국무장관을 지낼 수 있었습니다.

그렇습니다. 게으름에서 벗어나기 위해 우리도 누군가 나를 지켜보고 있다는 마음을 가질 필요가 있습니다. 누군가 자신을 지켜본다고 생각하는 사람은 더 높은 경각심을 가지고 하루하루를 살아가기 때문입니다. 그 지켜보는 눈은 콜린 파월처럼 신神일 수도 있고, 미래의 자신일 수도 있고, 자신의 양심일 수도 있으며, 제삼자일 수도 있습니다. 만일 부모님이 이미 돌아가셨다면 그 분들의 눈을 떠올려도 좋을 것입니다. 실제 일찍 부모를 여읜 분들 중에는 늘 마음속으로 '하늘에서 부모님이 지켜보고 계시잖아'라며 자신을 위안하고 마음을 가다듬는 경우가 많습니다. 그렇기에 우리가 떠올리는 그 눈은 CC카메라나 시험 감독처럼 감시의 눈길이 되어서는 안 됩니다. 때로는 우리를 엄정하게 지켜보지만 때로는 격려와 지지를 아끼지 않는 사랑의 눈길이 필요합니다.

한번 생각해보세요. 누가 당신을 지켜보고 있다면 더 열심히 살아갈 힘을 얻을 수 있지 않겠습니까? 구체적인 대상을 정하고 그의 눈을 떠올려보세요. 이를 상기시키기 위하여 누군가의 눈이 크게 보이는 사진을 당신의 책상 앞에 붙이고 당신이 바라는 사람의 눈이라고 떠올리셔도 좋습니다.

* _____ 가 나를 지켜본다고 생각하면 힘이 난다.

3. 당신의 뜻을 외부에 알려라

자기 외적 통제력을 높일 수 있는 좋은 방법은 자신의 계획이나 약속을 보다 많은 사람들에게 알리는 것입니다. 자신이 변화하고자 하는 구체적 내용을 일단 가까운 가족에게 알리고, 나아가 회사나 친구들에게 알릴 필요가 있습니다. 변화의 과정에 다른 사람들의 에너지와 도움을 받아들이고 나누어주겠다는 의미가 있기 때문입니다. 자신의 뜻을 알리는 방법은 여러 가지가 있을 것입니다. 블로그나 활동 중인 커뮤니티를 통해 선언하는 것도 좋은 방법입니다. 타인을 많이 의식하는 사람일수록 이 방법은 효과가 좋습니다. 제 경우에도 블로그에 금연 선언을 올리고 나서 현재까지 5년이 넘게 약속을 지켜가고 있습니다.

4. 당신의 역할모델을 찾아라

게으른 사람들에게 물어보면 닮고 싶은 사람이 거의 없습니다. 그들은 부정적이고 비관적인 생각 속에 갇혀 있기 때문에 존경하는 인물이 없습니다. 게으른 사람들은 훌륭한 사람들을 보며 열등감을 느끼고 체념을 할 뿐, 그들을 보고 배우려 하지 않기 때문입니다. 게으른 사람들은 누군가의 성공 경험을 보며 질투와 스트레스를 받을 뿐 영감을 받지 못합니다.

그에 비해 주도적으로 변화하는 사람들은 한결같이 마음속에 깊은 영향을 준 누군가를 품고 있습니다. 일종의 역할모델입니다. 그 인물들은 역사적인 위인부터 함께 사는 가족까지 다양합니다. 주도적인 사람들은 단순히 역할모델의 이름만을 알고 있는 것이 아닙니다. 역할모델의 삶 전체를 잘 알고 있습니다. 그렇기에 역할모델은 주도적인 사람들의 마음속에 살아 있습니다. 영적 스승이나 멘토라고도 할 수 있습니다. 즉, 주도적인 사람들이 어려움에 빠지게 되면 그들은 마음속의 역할모델을 떠올립니다. 역할모델이 난관에 부딪혔을 때 어떻게 했는지 상기해보면서 그들의 지혜와 용기를 배웁니다. 다시 일어설 힘을 얻는 것입니다.

* 당신이 닮고 싶은 인물은 누구입니까?
  (2번의 인물과 같아도 상관 없습니다.)

① _____   ② _____

Key 7
변화의 시스템을 만들어라

긍정 에너지 네트워크에 연결되었다 하더라도 그것만으로는 부족하다. 변화의 에너지는 기본적으로 내부에서 비롯되어야 하기 때문이다. 위기감이나 정서적 각성은 변화의 출발선 위에 사람을 올려줄 수는 있지만 지속적인 추진력을 부여해주지는 않는다. 비전 역시 동력이 되지만 징검다리가 잘 연결되지 않으면 시간이 지날수록 빛을 잃기 마련이다. 따라서 지속적이고 안정적인 에너지 공급원이 절대적으로 필요하다. 그렇다면 어떻게 변화의 에너지를 확보할 것인가?

지금은 많이 없어졌지만 옛날에는 집집마다 커다란 괘종시계가 있었다. 이 시계는 매일 태엽을 감아주어야 시계바늘이 움직이고 종소리가 울려 퍼진다. 그래서 태엽을 감는 것을 '시계에게 밥을 준다'고 표현했다. 게으름에서 벗어나는 과정도 마찬가지이다. 게으름에서 벗어나려는 마음에게도 매일 밥을 주어야 한다. 그렇지 않으면 시계가 멈추듯이 게으름에서 벗어나려는 노력도 멈추고 만다. 그러므로 우리는 매일매일 마음이 풀어진 만큼 마음을 다시 감아주는 작업이 필요하다. 말 그대로 하루 중 적절한 시간에 리마인드 타임remind time을 갖는 것이다. 그 시간에는 가야 할 방향을 보며 현재 자신이 어디에 서 있는지 살펴보고 초심을 유지하도록 삶을 점검해야 한다.

결국 우리가 게으름에서 벗어날 수 있느냐는 얼마나 초심을 유지할 수 있느냐의 문제라고 해도 과언이 아닐 것이다. 그래서 우리에겐 삶을 점검할 시간이 필요하다. 그 시간은 매일 일정한 방식으로 이루어지기에 일종의 의식이라 할 수 있다. 그것도 스스로 지켜나가는 의식이다. 나는 이를 '자기의식 self-ritual' 이라 부른다. 무릇 게으름뿐 아니라 삶의 변화를 시도하는 모든 사람들에게는 이러한 자기의식이 절대적으로 필요하다.

■ 마음을 비추는 거울

자기의식을 말하기에 앞서 잠깐 거울 이야기를 해볼까 한다. 우리는 매일 거울을 보며 옷매무새나 얼굴을 확인한다. 그런데 우리의 마음이 어떤 상태인지는 어떻게 살펴볼 수 있을까? 내 마음을 비춰주는 거울은 없을까?

물론 있다. 다만 사람에 따라 다르다. 가장 대표적인 마음 거울은 사명과 비전이다. 사명과 비전에 따라 하루를 살아가고 있는지 돌아보는 것이다. 그 외에 자신과의 약속, 목표, 가치관, 좌우명이나 슬로건 등도 마음을 비춰보는 거울이 될 수 있다. 거울은 물론 여러 개일수록 좋다. 사명과 비전이 대형거울이라면 목표나 슬로건 등은 손거울이라 할 수 있다. 자기의식의 시간에 우리는 마음의 거울을 들고 자신을 비춰보아야 한다.

▪ 삶의 의식을 만들어라

변화의 시스템이란 새로운 마음의 구조물이 세워진다는 의미이다. 게으름과 관련된 과거의 기억, 부정적 사고와 감정, 행동 반응 등이 주변으로 밀려나고 마음 안에 변화와 관련된 비전, 긍정적인 사고와 감정, 새로운 습관 등이 자리잡는 것을 말한다.

새로운 마음의 구조를 세우려면 '반복'과 '점검'이 필수적이다. 매일 반복하고 매일 점검해야 한다. 물론 '매일'이라는 말만 들어도 머리에 쥐가 날 수 있다. 하지만 앞에서 누누이 강조하지 않았는가. 부담 없는 계획! 한 걸음의 실천! 의식儀式을 만들어가는 것도 마찬가지이다. 우리들은 흔히 의식 하면 일단 재미없고 귀찮다고 느끼기 쉽다. 하지만 스스로의 가치와 지향을 담아 직접 만든 의식을 반복하다보면 삶에 규율과 질서가 깃드는 것을 느낄 수 있다. 마치 현재와 미래의 두 점 사이에 점들이 이어져 점점 가까워지는 듯한 느낌을 받는다.

나날이 발전하는 사람들은 늘 자신만의 방식으로 삶을 점검한다. 어떤 이는 매일 아침 좋은 글귀를 노트에 필사하면서 하루를 준비하고, 또 어떤 이는 매일 산책을 하며, 또 어떤 이는 명상으로 하루를 시작하기도 한다. 중요한 것은 자신의 기호가 담겨 있다는 것이고, 삶의 적절한 긴장을 위하여 마음을 조이거나 풀어주는 시간이라는 것이다. 아무튼 자신이 좋아하는 방식으로 무언가를 규칙적으로 해보자. 마음이 담긴 의식은 우리를 원하는 곳으로 나아가게 하는 힘을 준다. 그러므로 자기의식의 시간은 단순히 시간계획을 짜는 시간이 아니다. 그 이상이다.

실천지침

자기의식을 만드는 요령

1. 삶을 비추는 거울 만들기

먼저 자기 자신을 점검할 거울을 만들어보는 것이 필요합니다. 이를 위해 게으름에서 벗어나 자신이 지켜가야 할 삶의 가치와 방향을 담은 중요한 원칙을 정리해봅니다. 자기 세계가 있다는 것은 자기 원칙이 있다는 것을 말합니다. 다시 말해 자기 원칙이 없는 사람은 자기 세계가 없다는 말과 같습니다. 자기 세계가 약할수록 우리는 존재와 관계 사이에서 길을 잃어버리고 존재에 고립되거나 관계에 함몰되어 버립니다. 그것은 게으름을 의미합니다. 그러므로 우리는 삶의 원칙을 세워 이를 통해 삶의 질서와 기준을 부여하여야 합니다. 어떤 사람은 이러한 삶의 원칙을 '자기헌법' 이라고 부르기도 합니다.

자, 그렇다면 여러분도 아래의 예처럼 삶을 비출 거울을 한번 정해보시길 바랍니다. 먼저 몇 가지 도움말을 참조하시길 바랍니다. 첫째, 자신의 삶에 즐거움과 의미를 함께 줄 수 있는 중요한 욕구와 가치가 들어 있어야 합니다. 이는 앞에서 언급했던 부분이기도 합니다. 둘째, 향후 원하는 삶을 위해 어떻게 살아가겠다는 믿음과 다짐이 들어 있어야 합니다. 셋째, 가급적이면 한쪽에 치우치지 않게 일, 건강, 놀이, 관계라는 네 가지 삶의 영역이 조화를 이룬다면 더욱 좋습니다. 넷째, 노력을 하고 방법적 개선을 도모하면 향상되고 변화할 수 있다는 성장 지향적 태도와 실행 중심적 사고를 담습니다. 다섯째, 실제로 너무 많은 것을 쓰다보면 모양새만 좋지 집중하고 지켜나가기가 쉽지 않습니다. 3~7개 정도로 압축시키는 것이 좋습니다.

예 : 직장인 L씨의 자기헌법

1. 나의 인생에 은퇴란 없으며 나는 평생 현역으로 살아간다.

2. 나는 사람들의 시선이나 평가에 연연하지 않고 나의 내적 욕구에 집중한다.

3. 나는 오늘의 나를 있게 해준 모든 존재에게 감사하고 내 가족을 사랑한다.

4. 삶이 뜻대로 안 되거나 장애물을 만날 때는 바로 포기하거나 도망치지 않고 이를 넘어설 수 있는 방안을 세워 능동적으로 대처한다.

5. 나는 일에 시간을 무한정 맞추지 않고 시간에 일을 맞춤으로써 휴식과 여가를 능동적으로 챙긴다.

6. 나는 미래의 거창한 도움보다는 가까이 있는 사람들 가운데 어려움에 빠진 사람들을 위해 내가 할 수 있는 도움을 베푼다.

실천지침 --------------------------------------

* 당신의 자기헌법을 적어보세요

_____

_____

2. 자기의식 수행하기

자기의식의 정해진 순서는 없습니다. 스스로 만들면 됩니다. 아래에 나와 있는 내용을 다 하려고 하지 말고 잠깐이라도 좋으니까 자신에게 맞는 방식을 짜보면 좋겠습니다. 자신이 현실적으로 마련할 수 있는 시간을 생각해보길 바랍니다. 5분이어도 상관없습니다. 하루를 시작하거나 혹은 잠자리에 들기 전처럼 시간을 정례화하면 더욱 좋습니다. 핵심은 삶의 원칙을 통해 자신을 살펴보고 자신이 가야 할 곳을 리마인드하는 것입니다. 하나 덧붙이자면 긍정적 습관을 생활화하기 위하여 자기의식 시간을 활용하는 것도 좋습니다.

1) 거울 들여다보기

거울을 들여다보는 것은 자신을 점검하고 격려하는 시간입니다. 자신의 삶의 원칙을 정리한 자기헌법, 비전선언문 등을 노트나 다른 어딘가에 써놓은 후 읽어봅니다. 중요한 것은 자기점검을 하면서 1

~2개월 동안은 결코 자기비난을 하지 않는 것입니다. 그렇다고 잘 지키지도 못했는데 이를 덮고 넘어가자는 것은 아닙니다. 쉽지 않겠지만 반성은 하되 반성이 비난이 되지 않도록 하는 것이 관건입니다. 이를 위해서 우리는 문제와 존재를 구분해서 받아들여야 합니다. 예를 들어 만일 위 직장인 L씨가 다섯 번째 자기헌법을 읽다가 자꾸 일이 늦어져 집에까지 일을 가지고 오게 되었다면 이렇게 생각하는 것이 필요합니다. '나는 며칠 동안 정해진 시간에 일을 끝내지 못하고 집에까지 가져와서 일을 했지만 나를 사랑하기에 정해진 시간에 일을 끝내도록 노력하겠어'라고 자기격려 하는 것이 필요합니다.

2) 원하는 미래를 떠올리기

자기의식의 시간은 단지 현재의 삶을 점검하는 시간으로 그쳐서는 안 됩니다. 더 나아가 나아갈 곳을 바라보고 미래에서 현재의 위치를 확인하는 시간이 되도록 하는 것이 필요합니다. 자신의 목적지를 떠올리고 지금 어느 디딤돌을 밟고 있으며 다음 디딤돌이 어디인지를 살펴보는 시간입니다. 세 번째 열쇠인 징검다리 놓기를 잘하셨다면 이 부분을 떠올리는 것은 어렵지 않을 것입니다. 특히 징

실천지침

검다리 놓기를 하면서 그에 해당하는 디딤돌 이미지를 찾아 부착하셨다면 더더욱 수월할 것입니다.

3) 지금 할 일 떠올리기

미래에서 오늘을 바라보며 지금 무엇을 하는 것이 중요한지를 상기해봅니다. 구체적으로 하루를 어떻게 보낼지 생각합니다. 중요도에 따라 일을 구분하여 할 일의 목록을 적어봅니다. 그 중에서 가장 중요한 일을 떠올려봅니다. 이번에는 눈을 감고 그 일을 열심히 하고 있는 자신의 모습을 생생하게 떠올려봅니다. 이것은 가상의 리허설이기 때문에 이를 '멘탈 리허설mental rehearsal' 이라고 부릅니다.

3. 긍정적 습관 실천하기

자기의식의 시간에 연이어 긍정적 습관을 생활화하는 시간을 갖는 것이 좋습니다. 앞에서 당신이 정한 긍정적 습관은 무엇이었나요? 명상을 할 수도 있고, 일기를 쓰는 것일 수도 있고, 매일 책을 읽거나 쓰는 것일 수도 있고, 요가나 운동을 하는 것일 수도 있습니다. 무엇을 하든지 원하는 삶으로 나아갈 디딤돌을 만들거나 하루하루 삶의 만족감을 높여줄 수 있는 행동을 통해서 에너지 수위를 높여나가도록 하십시오.

Key 8
삶을 선택하라

　변화의 방향으로 나아가는 길에 에너지는 많을수록 좋다. 에너지를 높이려면 자기의식 외에 또 어떤 방법이 있을까? 가장 좋은 방법은 삶의 매순간을 스스로 선택하며 사는 것이다. 앞에서 게으름은 일종의 선택장애라고 했던 것을 기억하는가.

　사실 선택하는 것도 능력이고 훈련이다. 안 하다보면 원하는 것이 무엇인지 잊게 된다. 선택을 남에게 맡기다보면 나중에는 정말 혼자서는 어떤 선택도 못하게 된다. 어떤 사람들은 아무리 고민해도 자신이 진정 원하는 것이 무엇인지 모르겠다고 한다. 그 말은 다시 말하면 지금까지 능동적으로 선택하지 못하고 살아왔다는 뜻이다. 능동적으로 선택하며 살아온 사람들은 당연히 자신이 좋아하는 것과 싫어하는 것을 알고 있다. 우리는 선택을 하면서 자신에게 정말 중요한 것이 무엇인지, 정말 좋아하는 것이 무엇인지를 점점 알아가고 만들어가기 때문이다. 그러므로 게으름에서 벗어나려면 스스로 선택하는 능력을 강화하는 것이 중요하다. 《나니아 연대기》를 쓴 작가 C.S 루이스는 "당신이 선택을 할 때마다 당신의 내면 중심부, 즉 선택의 주체가 되는 당신의 일부가 예전과는 조금씩 다른 무엇으로 변화되어간다"고 말했다.

자신이 스스로 선택한다는 것은 선택에 따른 책임을 자신이 지겠다는 의미가 포함되어 있다. 그러나 엄격히 말하면 사실 책임은 선택을 할 때도 주어지지만 선택을 하지 않을 때에도 주어진다. 즉, 자신이 미루고 회피한 것 역시 스스로 책임져야 한다. 그러므로 당신이 게으름에서 벗어나려는 사람이라면 일반적인 책임감이 아니라 역설적인 책임감을 가져야 한다. 다시 말해 선택하지 않은 것에 대한 강한 책임을 느껴야 한다. 아무것도 책임지기 싫어 선택을 피하고 게으름에 빠졌지만 결국 선택하지 않아서 잃게 된 많은 기회와 경험들에 대해서도 스스로 책임감을 느껴야만 한다.

이제 우리는 능동적으로 선택해야 한다. 우리는 능동적으로 선택했을 때만 선택에 대해 전적인 책임을 느끼기 때문이다. 어쩔 수 없이 책임 때문에 한다고 하면 그때의 책임감은 부담이지만 스스로 선택해서 하는 책임감은 삶의 긍정 에너지이다. 예를 들어 팀에서 분담해야 할 과제가 있을 때 꼭 남들이 다 선택하고 남은 것을 하겠다고 하는 사람들이 있다. 이들은 사실상 책임을 회피하는 셈이다. 책임지기 싫어 나서서 무언가를 하겠다고 말하지 않는 것이다. 이들은 주어진 것만 할 뿐 스스로 무언가를 하려는 적극적인 태도를 잃어버렸기 때문에 그렇게 하기가 쉽다. 물론 변명은 있다. 현재의 일이 마음에 들지 않거나 현재의 직장이 마음에 들지 않기 때문이다. 그러나 문제는 이러한 태도가 반복되면 반복될수록 자신의 정신태도로 굳어지고 다른 영역으로 확장된다는 것이다. 그렇기에 이들은 수동적인 태도가 굳어져서 좋아하는 일을 만나기 어렵지만 설사 만난다 하더라도 적극성을 회복하기란 쉽지 않다.

스스로에게 물어보자. '난 양보라는 이름으로 책임을 피하려 한 적이 없었는가?' 당신이 만약 게으름에서 자유롭지 못한 사람이라면 이 질문에 떳떳하게 '없었다!'라고 답하지 못할 것이다. 야구의 수비수가 '마이 볼!'이라고 외치며 적극적으로 수비를 펼치듯 우리 역시 삶에서 '마이 초이스!'를 외쳐야 한다. '내가 이것을 하겠어!'라고 능동적으로 말할 때 에너지가 솟아난다.

책임감은 부담이 아니라 에너지라는 것을 상기하라. 책임감 없이 우리는 결코 최선을 다할 수 없다. 사랑도 마찬가지이다. 사랑은 누구나 할 수 있다. 하지만 사랑에 책임감이 덧붙여지지 않으면 사랑은 결코 유지되고 발전되지 않는다. 부모가 되는 것 역시 마찬가지이다. 자녀에 대한 사랑만으로 헌신할 수 있는 부모는 많지 않다. 많은 부모가 자식에게 헌신할 수 있는 이유는 샘솟는 사랑 때문이기도 하지만 부모로서의 책임감이 없다면 쉽지 않은 일이다. 그러므로 책임을 피하지 말라! 잊지 말라! 남들이 부여한 책임은 짐이지만 스스로 짊어지는 책임은 힘이라는 사실을.

실천지침

능동적으로 선택하는 요령

1. 상황을 객관적으로 분석하라

스스로 선택하기 위해서는 상황에 대한 객관적 분석이 우선입니다. 부정적인 마음은 늘 기회요소를 못 보게 만들고 우리의 능력과 가능성을 깎아내립니다. 우리 앞에 있는 선택 상황에서 '위험'적인 요소는 무엇이고 '기회'의 요소는 무엇인지 분석하십시오. 실제 머릿속으로 생각하는 것과 써보는 것은 다릅니다. 글로 쓸 때 비로소 전에 보지 못했던 새로운 요소들이 나타나기도 합니다.

	기회요소	위험요소
상황 1		
상황 2		

2. 선택을 피하려고 했을 때의 의도를 살펴보라

처음에는 단지 귀찮아서 선택을 피하는 거라 생각했지만 사실 마음을 살펴보니 두려움, 무책임한 태도, 상대에 대한 수동적인 공격의 의미가 숨어 있었음을 알게 될 수도 있습니다. 각각의 의도에 1~10점까지의 점수를 매겨서 어떤 마음이 주된 것인지를 알아봅니다. 그 의도를 중시하면서 능동적으로 선택할 수 있는 대안에 대해 적극적으로 검토해봅니다.

선택을 피하는 의도 (혹은 게으름의 의도)	점수
1.	
2.	
3.	

3. 늘 자신에게 질문하라

발전적인 사람은 결의를 되풀이하는 데 그치지 않고 그러한 결의를 지켜나가기 위해 좋은 질문을 던질 줄 압니다. 능동적인 선택을 위한 몇 가지 질문을 늘 마음 속에 품고 계십시오. 그리고 혼란스러울 때 물어보십시오.

실천지침

1) 이것은 내가 선택한 것인가?

2) 나의 선택이 아니라면 내가 하고 싶은 것은 무엇인가?

3) 나는 선택을 피한 것에 대해서도 책임을 지고 있는가?

4. 최상의 선택을 위해 애쓰지 말고 최선의 결과를 위해 노력하라

모든 선택은 아쉬움을 남깁니다. 하나를 선택한다는 것은 다른 선택이 주는 기회를 포기한다는 것입니다. 그렇기에 선택은 늘 아쉬움이 남는 법입니다. 그러므로 '후회 없는 선택'을 하려는 당신의 마음이야말로 미룸과 게으름의 원천입니다. 명심하시길 바랍니다. 세상에 후회 없는 선택이란 없습니다. 최상의 선택은 결코 선택의 순간에 주어지지 않습니다. 최상의 선택은 자신이 선택한 것을 잘 즐기고 최선의 결과로 이어지도록 최선의 노력을 기울였을 때 말할 수 있습니다. 그러므로 최상의 선택은 선택의 순간이 아니라 선택 후 과정에 붙일 수 있는 이름입니다. 그러므로 선택하지 않은 것들에 대한 후회와 아쉬움을 버리십시오. 자신의 선택을 즐기고 최상의 결과가 나오도록 노력하십시오. 그것만이 무한선택의 시대에 당신이 취할 수 있는 최상의 선택입니다.

5. 선택의 가짓수를 조절하고 때로는 선택상황을 제한하라

어떤 사람은 너무 선택의 폭을 좁혀 자신의 능력을 제한하고, 어떤 사람은 선택의 폭을 무한정 넓혀 결국 선택을 피하는데, 이것들은 둘 다 게으름으로 이어집니다. 삶의 모든 상황을 선택으로 열어두는 것은 피곤하고 어리석은 일입니다. 아침마다 이를 먼저 닦을지 밥을 먹고 나서 닦을지 매번 선택한다면 얼마나 어리석은 일이겠습니까! 그래서 어떤 일들은 선택의 상황을 제한하여 규칙으로 정해둘 필요가 있습니다. 식후 세 번 이 닦는 것처럼 말입니다. 예를 들면 일기 쓰기, 가족과 포옹하기, 스트레칭으로 아침 시작하기 등 자신이 중요하다고 생각하는 것은 규범화시켜 놓는 것이 좋습니다. 그것은 아이들을 키울 때도 마찬가지입니다. 아이들의 의견을 최대한 물어보고 조율해야겠지만 나이에 따라 일정한 규칙이 필요합니다.

6. 하루에 하나 이상 능동적으로 선택하라

선택 능력은 훈련과 경험을 통해 길러집니다. 사소한 것이라도 매일 선택하는 습관을 들이십시오. 식사 메뉴여도 좋고 텔레비전 채널이어도 좋습니다. 자신이 원하는 것에 초점을 두고 능동적으로 선택하십시오. 때로는 원치 않는 것에 대해 '아니오!'라고 이야기하는 것 역시 능동적 선택입니다.

Key 9
능동적으로 휴식하고 운동하라

아홉 번째 열쇠는 사실 이보다 앞쪽에 나왔어야 하는데 우선순위에서 밀려났다. 그것은 중요하지 않아서가 아니라 처음에 꺼낼 이야기로 마땅치 않았기 때문이다. 명색이 게으름에서 벗어나는 방법을 얘기하면서 휴식을 취하라고 하면 받아들이기가 쉽지 않을 것 같아서였다.

우리는 흔히 휴식을 남는 시간인 여가(餘暇)와 연결짓는다. 하지만 엄밀히 말해 휴식은 남는 시간이 아니다. 휴식(recreation)이라는 말에는 창조(creation)라는 말이 들어 있다. 즉, 휴식이란 새로운 무엇을 준비하고 만들어내는 시간이라는 의미이다. 우리는 일한 다음에는 쉬어야 하고, 긴장한 다음에는 이완해야 하고, 움직였다면 멈춰야 한다. 이것은 의무가 아니라 순리이다. 그 균형과 조화가 유지될 때 몸과 마음에 건강이 깃드는 법이다.

만일 누군가 일과 긴장과 활동에만 치우쳐 있다면, 혹은 쉼과 이완과 멈춤에만 치우쳐 있다면 그 불균형은 건강에 영향을 끼친다. 잘 알고 있는 것처럼 과로와 과도한 스트레스는 건강에 악영향을 미친다. 그러나 반대로 일을 하지 않거나 너무 적은 스트레스를 받는 것 역시 생명체의 건강과 생존력을 떨어뜨린다. 현대인들은 이

균형감을 잃기 쉽다. 도달해야 할 목표와 과제에 짓눌려 잠시의 휴식도 스스로에게 용납하지 못하거나, 반대로 아무런 목표와 도전 없이 편한 일만 하거나 심지어는 아무것도 하지 않고 집에서만 움츠리고 있는 경우 또한 많다.

출처를 기억하기 힘들지만 어떤 책을 읽다보니 이런 이야기가 있었다. 어느 회사에 아주 유능한 비서가 일하고 있었다. 그런데 사장이 비서의 업무를 가만히 살펴보니 하루 중에 절반 정도만 바쁘게 일을 하고 나머지는 쉬고 있더라는 것이다. 이를 본 사장은 능력이 많은 사람에게 일감을 너무 적게 주었다는 생각이 들었다. 그리고 일을 더 주면 더 많은 일을 잘해낼 것이라는 생각이 들어 일감을 더 주었다. 어떻게 되었을까? 우선 그 비서에게 쉬는 시간은 사라지게 되었다. 그녀는 근무 시간 내내 바쁠 만큼 일이 많아졌다. 그런데 문제는 예전의 유능함은 사라지고 아주 평균적인 능력밖에 보이지 않더라는 것이다. 결국 그녀의 유능함은 적절한 여유가 있었기에 가능했다는 결론이다.

어쩌면 약간의 과장은 섞인 이야기일지도 모른다. 하지만 모든 일을 다 하고 나서야 쉴 수 있다고 생각하는 우리들에게 이 이야기가 시사하는 바는 크다. 사실 게으른 사람들은 일다운 일도 못하지만 쉽다운 쉼도 취하지 못한다. 아니 이는 거의 모든 현대인들의 이야기이다. 우리는 적절한 휴식을 취하지도 못하고 충분한 수면시간을 갖지도 못하며 심지어 제대로 놀지도 못한다. 그런 것을 보면 제대로 쉰다는 것은 제대로 일하는 것보다 한 수 높은 경지임에 틀림없다.

그리고 정신에너지를 강화시키는 것 중에 운동을 빠뜨려서는 안 된다. 몸과 마음은 서로 연결되어 있기 때문이다. 운동은 사람의 몸을 건강하게 해주는 동시에 정신 건강 역시 향상시켜주는 천연의 보약이다. 최근의 뇌과학 연구를 보면 운동을 통해 대뇌피질의 혈관 생성이 이루어지고 신경세포가 발생한다는 사실이 하나둘씩 밝혀지고 있다. 그래서 두뇌훈련을 하고 싶다면 퍼즐 같은 오락보다 달리기 같은 유산소운동이 더 효과적이다.

운동효과에 대한 인상적인 연구 결과를 하나 소개할까 한다. 1999년 의학전문지 〈Archives of Internal Medicine〉에 실린 한 논문에는 우울증으로 고통받는 사람들의 치료방법에 대한 효과가 소개되었다. 치료방법은 운동과 약물치료로 한 집단은 4개월간 유산소운동을 하였고, 다른 집단은 항우울제를 복용하도록 하였다. 운동은 주 3회 45분씩 자전거 타기, 걷기, 달리기 등의 방식이었는데, 4개월 후 그 결과는 놀라웠다. 약물을 복용한 집단이나 운동을 한 집단이 비슷한 정도로 우울증 치료에 효과적이었던 것이다. 더욱 놀라운 사실은 그로부터 6개월 후에 조사를 해보았을 때 운동을 했던 그룹이 투약집단에 비해 재발가능성이 낮았다는 사실이었다.

전문가들은 운동의 탁월한 효과를 어떻게 해석할까? 크게 세 가지를 꼽는다. 첫째는, 운동을 계속 했을 때 자존감과 자기통제감이 올라가기 때문이다. 둘째는, 신체활동에 집중하면 근심과 걱정에 빠져 있는 상태에서 벗어나 보다 긍정적인 기분으로 전환되기 때문이다. 세 번째는 다른 사람과 함께 운동함으로써 사회적 접촉과 관계의 친밀감이 향상되기 때문이라고 해석한다.

이는 게으름에서 벗어나는 데 있어서도 중요한 시사점이다. 게으른 사람들 역시 자기 통제감을 향상시키고, 부정적 마음에서 벗어나 긍정적인 마음을 고취하고, 사람들로부터 친밀감과 상호지지를 경험하는 것이 게으름 탈출에서 무척 중요하기 때문이다. 그러나 병적 게으름에 가까울수록 활동 자체를 피하게 된다. 그러나 어쩌랴! 활동을 통해 게으름에서 벗어나는 것이 중요한 것을. 실제 사례를 보면 게으름 때문에 운동을 포기하는 사람들만큼이나 운동을 통해 게으름에서 벗어난 사람들이 많다. 그만큼 운동은 그 자체로 사람의 정신을 강하게 만들고 삶에 질서를 부여해준다.

실천지침 --------------------------------------

능동적으로 휴식을 취하고 운동하는 방법

1. '휴식'에 대한 개념과 정의를 바꿔라

우리는 여전히 휴식 시간을 '할 일 다 하고 남는 시간' 정도로 간과합니다. 그렇기에 항상 휴식은 개인에게 가장 중요하지 않은 시간, 다른 일을 위해 얼마든지 대체 가능한 시간으로 인식되고 희생됩니다. 그러나 제대로 쉬려면 먼저 휴식에 대한 정의와 개념부터 바뀌어야 합니다. 가치를 부여하지 않는 일은 항상 뒤로 밀려날 수밖에 없기 때문입니다. 아래에 휴식에 대한 자신만의 정의를 새롭게 적어보십시오. 그리고 자신의 가치 피라미드에서 휴식이 차지하는 위치를 확인하고 이를 상향조정하는 것을 검토해보십시오.

* 휴식이란 _____ 이다.

2. 나를 위한 이벤트를 준비하라

자신을 위한 이벤트를 계획해보십시오. 자신의 상황에 맞게 월 1회나 연 1회여도 좋습니다. 그 시간은 온전히 현재의 자신에게 바치는 시간입니다. 이 시간 동안은 평소에 했던 것보다는 가능하면 시도하지 않은 새로운 것을 해보는 게 좋겠습니다. 고대 유럽의 사람들은 영혼의 상실을 두려워했는데 어떤 지역의 경우는 유사한 풍습이 있다고 합니다. 매달 자신의 생일에 해당하는 날짜에 지금껏 해보지 못했던 일을 해보는 것입니다. 새로운 경험을 통해 마음을 새롭게 하고 무기력함에서 벗어나는 관습입니다. 이런 풍습처럼 우리는 자신을 위해 이벤트를 마련하여 즐길 수 있는 시간이 필요합니다. 어떤 경우는 가족과 함께해도 상관없지만 그 경우에도 자신이 중심이 되어 진행하는 것이 좋습니다.

아래 '나를 위해 준비했어!'에 무엇을 하면 좋을지 한번 써보십시오. 설사 그대로 하지 않더라도 온전히 자신만을 위한 이벤트를 계획해보십시오. 대략 열 가지 정도 써보세요. 의외로 쉽게 할 수 있는데도 하지 않았던 것들이 있을 수 있습니다. 자신에게 선물을 사줄 수도 있고, 댄스 강좌에 등록할 수도 있고, 무언가를 직접 만들어보는 시간을 가질 수도 있습니다.

＊ 나를 위해 준비했어!

1) _____

2) _____

3) _____

4) _____

5) _____

실천지침

6) _____

7) _____

8) _____

9) _____

10) _____

3. 하루에 한 가지는 '천천히' 하라

그것이 무엇이든 좋습니다. 섹스, 세수, 독서, 일, 대화, 식사, 차 마시는 일 등등. 어떤 일이든 일부러 속도를 늦춰서 해보십시오. 당신의 여건에 가장 잘 맞는 것이 식사라면, 음식의 맛을 음미하거나 식사하는 상대와 대화하며 의도적으로 천천히 식사해보십시오. 혹은 독서여도 좋습니다. 마음에 와 닿는 책을 하나 정해서 평소의 속도보다 훨씬 느리게 읽어 내려가십시오. 소화될 때까지 천천히 자신과 대화하며 읽으십시오.

느리게 할 일이 마땅치 않으면 한번 천천히 걸어보십시오. 천천히 걸으면서 걷는다는 것이 어떤 느낌인지 세밀하게 경험해보십시오. 발뒤꿈치에서부터 전해오는 지면의 압력을 느끼고 몸의 근육과 신체기관이 어떻게 움직이는지를 천천히 느껴보십시오. 걷는 것이 귀찮다면 숨쉬기를 천천히 해보십시오. 공기가 어디로 들어와 어디를 지나 어디로 나가는지를 살펴보고, 몸의 어디에서 어떻게 이를 감지하는지 체험해보십시오. 중요한 것은 끝내는 것이 아니라 그 행위 자체를 온전히 경험해보는 것입니다.

* 나는 ＿＿＿＿＿＿＿＿＿＿＿＿＿＿ (행위)를 친친히 하고 싶다.

4. 자신에게 맞는 운동을 하라

물론 많은 현대인들이 움직이는 것을 싫어합니다. 그래서 운동을 하라고 하면 본능적으로 거부감을 갖기 쉽습니다. 이는 운동은 곧 빠르게 움직이고 땀 흘리는 것이라는 고정관념 때문이기도 합니다. 하지만 운동 중에도 얼마든지 'slow exercise'는 있습니다. 당신이 정적인 운동에 더 끌린다면 당연히 요가와 같은 운동을 하길 바랍니다. 만일 당신이 자연을 좋아한다면 운동 역시 등산이나 달리기를 하고, 만일 물을 좋아한다면 수영을 하는 것입니다. 당신의 여건이 시간을 내기 어렵거나 경제적으로 어렵다면 계단을 오르내리거나 동네 학교운동장을 빨리 걷는 것이 좋습니다. 중요한 것은 당신의 특성과 여건에 맞는 맞춤식 운동을 찾는 것입니다. 그럴 때만이 우리는 좀더 오래 운동을 해나갈 수 있을 것입니다.

* 나의 특성과 여건에 어울리는 운동과 시간은?

삶의 효율성과 집중력을 높여라

자! 이제 마지막 열쇠다. 마지막은 삶의 효율성과 집중력을 높여 에너지를 향상시키는 방법에 대한 이야기이다. 만일 당신이 당당하게 게으름을 피우고 싶다고 하자. 그렇다면 가장 좋은 방법은 무엇일까? 그것은 당연히 일을 빨리 마무리짓고 게으름을 피우는 것이 될 것이다.

사실 인류의 역사는 수렵시대부터 지금까지 에너지 효율성을 높이는 방향으로 흘러왔다고 해도 과언이 아니다. 생각해보라. 고대와 비교해보면 한 사람이 8시간 일을 해서 얻을 수 있는 생산량은 얼마나 늘어났는가. 그 중에서도 산업사회로 접어들면서 생산성은 크게 발전하였다. 기술의 발전과 함께 공장과 사람을 집결시킬 수 있는 도시가 생겨났기 때문이다. 그리고 자동화를 통한 대량생산이 가능해지면서 효율성은 다시 한 번 비약적으로 발전하였다. 우리는 그 덕분에 더 좋은 제품을 더 저렴한 가격으로 살 수 있게 되었다. 그러한 체제에서 사람들이 시간을 더욱 중시하게 되었음은 두 말할 필요가 없다.

그런데 혹시 효율성이 높아지면서 우리가 잃어버린 것은 없을까? 가장 큰 문제는 효율성이 사회의 지배적 가치가 되면서 우리는 자연의 활용과 개발에만 신경을 썼을 뿐 자연과의 연결이 극도로 약해져버렸다는 사실이다. 또한 속도만을 추구할 뿐 멈춰서야 할 때 멈춰서는 능력을 급격히 잃어가고 있다. 게다가 효율성 때문에 세상은 보다 넓어지고 보다 연결되었지만 그 안에서 우리는 다양성을 잃어버렸다. 눈앞의 성과만을 생각할 뿐 미래를 내다보는 혜안은 약해져버렸다. 결국 우리의 정신과 신체는 피폐해지고, 사회와 관계는 취약해지고, 지구는 심한 몸살을 앓고 있다.

다행히 우리는 이러한 문제를 뒤늦게 깨닫고 변화를 모색하고 있다. 게다가 창조경제로 경제의 하부토대가 바뀌면서 환경과의 공존을 생각하고 인간을 중심에 두고 경제를 운용하는 토대가 마련되기 시작했다는 것은 우리에게 희망을 준다. 그러므로 우리가 삶의 효율성을 이야기할 때는 그 필요와 한계를 동시에 고려해야 한다. 예를 들어 게으름에 빠졌다고 생각하는 사람들이 흔히 하는 노력은 시간 관리를 들 수 있다. 그러나 시간 관리가 안 되는 모습은 결과일 뿐 그 원인이 아닐 수 있다.

중요한 것은 삶의 방향성과 에너지의 관리에 있다. 만일 게으름의 문제가 완벽주의, 조급함 등과 관련되어 있다고 생각한다면 시간 관리와 같은 방식은 오히려 역효과를 초래하기 쉽다. 하지만 효율적이지 못한 삶의 방식으로 인해 나타나는 게으름도 있기에 효율성에 대하여 언급을 하지 않고 넘어갈 수는 없을 것 같다. 아래의 여섯 가지 원칙은 효율성을 높이기 위한 구체적인 방법이 아니라 효율성을 높이기 위한 중요한 원칙이다.

1 ┃ 삶의 가장 큰 효율성은 '몰입'에서 나온다

몰입은 기술의 문제가 아니라 애정의 문제이다. 가장 가치 있는 것을 만드는 생산적인 삶이란 애정에 기초할 때 가능하다. 당신 안의 가장 강력한 것을 숭배하고 사랑하라. 몰입이란 재능과 강점을 바탕으로 사랑하는 일을 할 때 나오는 것임을 잊지 말라.

2 ┃ 시간 이전에 '마음(에너지)'을 관리하라

늘 기억하라. 시간이 사람을 변화시켜주는 것이 아니라 에너지가 사람을 변화시켜준다는 것을. 마음이 부정적인 에너지로 가득한 가운데 시간 관리를 하는 것은 아무런 도움이 되지 않는다. 오히려 자기비난으로 이어지기 십상이다. 시간 관리가 안 돼서 게을러지는 것이 아니라 부정적 마음이 크기 때문에 게을러지는 것이다. 마음이 가는 중요한 일에 지속적으로 에너지가 흐르게 하라.

3 ┃ 핵심강점을 강화하라

다시 강조하지만 효율성은 강점을 강화해서 나오는 것이지 약점을 개선해서 나오는 것은 아니다. 약점은 그만큼 저항이 크기 때문에 에너지의 손실이 크다. 특히 강점 중의 강점을 계발하는 것이 중요한 점이다. 만일 탁월한 강점이 있다면 그 하나를 계발해도 되지만, 만일 비슷비슷한 몇 가지의 강점을 가지고 있다면 두세 가지를 연결시켜 이를 핵심강점으로 빚어내는 노력이 필요하다. 하루 중 최고의 알짜배기 시간을 자신의 핵심강점을 강화하는 데 투자하라. 그리고 이를 습관화하라. 전 생애를 통해 가장 수익률이 높은 자산은 자기 자신에게서 나와야 한다. 백년 인생을 코앞에 둔 오늘날, 자신의 핵심강점을 신장시키기 위해 전력투구하는 것은 장기적인 안목에서 가장 효율성 높은 선택이다.

4 | 단순 반복을 지양하라

기술적 개선 없는 단순 반복 역시 에너지의 효율성을 떨어뜨린다. 인풋에 비해 아웃풋이 늘어나지 않으면 우리는 게으름에 빠진다. 그러므로 노력이 진부가 아니다. 생각 없는 노력이나 똑같은 방식만을 고집하는 우직함은 효율성의 방해물이며 슬럼프의 원인이 된다. 진정한 변화는 변화의 방식마저 변화시키기 마련이다. 만일 변화의 방식에 기술적 진전이 없다면 제대로 변화하고 있는 것인지 돌아보아야 한다. 운동을 하면 운동의 기술이 향상되는 법이고, 글을 쓴다면 글쓰기의 방식이 달라져야 하는 법이다.

5 ┃ 효율성을 숭배하지 말라

효율성은 방편임을 잊지 말라. 효율성을 지나치게 강조하면 삶은 온기를 잃어가고, 정신은 틀에 갇히기 쉬우며, 시간은 파편화될 우려가 있다. 효율성을 높이는 것은 삶의 질을 높이기 위함이지 시간 구두쇠가 되기 위함이 아니라는 것을 항상 명심하라.

6 ┃ 일의 경중과 완급을 구분하라

더 말할 필요가 있을까? 게으른 사람은 단념할 줄 모르는 사람이다. 어떤 일에 마음을 다하는 것, 즉 전념專念은 단념斷念에서 나온다. 더 많은 수확을 위해 과수나무를 가지치기 하듯, 우리도 자신의 가치와 비전에 맞지 않는 잡다한 관심과 행위들을 잘라내야 한다. 우리의 에너지는 제한적이다. 게으름이란 에너지의 분산을 말하며, 게으름에서 벗어난다는 말은 중요한 일에 우리의 에너지를 집중한다는 말이다.

7 ┃ 미루는 습관을 극복하라

앞에서도 언급한 것처럼 미뤘다가 닥쳐서 하거나 한꺼번에 몰아서 하면 무척이나 효율적인 것처럼 느껴진다. 그 결과물이 썩 나쁘지만 않다면 의기양양해지기도 한다. 마감을 두고 급박하게 서둘러 한 것이 이 정도인데 미리부터 공들여 하면 훨씬 더 잘할 수 있었을 것이라는 생각이 들기 때문이다. 그러나 미뤘다가 한꺼번에 하는 것이 습관이 되기 시작하면 초기에 나타났던 효율성은 점점 사라지게 된다. 마감이 임박한데도 갈수록 긴장이 되지도 않고 집중도 되지 않는다. 특히 시간에 쫓기는데 어떤 이유로 인해 마감시한이 연기되는 경우가 몇 번 있고 나면, 그 다음번에도 그런 요행을 기다리며 무한정 시작을 미루기 쉽다. 결국 미루는 습관이 형성되면 상황은 점점 파국으로 이어진다. 마감시한을 넘겨 일을 펑크 내거나, 일의 질이 너무 떨어지게 되어 자신과 조직의 손실로 이어지고 만다. 이쯤 되면 갑자기 못 한다고 하거나 연락을 끊고 두절되는 등 극단적인 반응까지 보이기 쉽다. 그러므로 미루는 것은 효율성에 도움을 주기는커녕 자기 파괴의 지름길임을 숙지해야 한다.

실천지침 --

시간 효율성과 집중력을 높이는 방법

1. 종료시간을 정하라

시간 심리학을 연구하는 학자들에 의하면 인간은 하는 일이 즐겁거나 시간에 쫓기지 않고 다양한 경험을 할 때, 우뇌의 사고 유형과 관련된 활동을 할 때, 목표를 향해 점점 다가선다고 믿고 있을 때 시간이 빨리 가는 것으로 인식한다고 합니다. 즉, 일의 종료점과 마감시한을 정해두게 되면 동기유발과 재미를 더 확실히 느낄 수 있습니다. 그러나 현대를 살아가는 우리들은 갈수록 일에 시간을 무한정 맞출 뿐, 시간에 일을 맞추지 못합니다. 그렇기에 일 이외의 휴식, 놀이, 수면, 친교의 시간들이 무한정 일에 희생당하고 있습니다.

문제는 이러한 양상이 습관화되기 쉽다는 데 있습니다. 그러다보니 우리는 어느새 빨리 끝낼 수 있는 일도 늘 늦게까지 남아서 하거나 시동이 늦게 걸리거나 집에까지 일을 가져가서 하는 경우가 다반사입니다. 그러므로 우리는 스스로 일의 종료시간을 설정하고 이를 지키기 위해 노력해야 합니다. 일을 맡으면 스스로 마감시한을 설정하고, 집에 일을 가져가지 않는 원칙을 정하고, 일주일에 며칠 이상은 꼭 일찍 퇴근한다는 등의 규칙을 세워 지켜나가는 것이 필요합니다.

264

2. C-Time(Concentration Time 집중 시간)을 가져라

시간 효율성과 집중력을 발휘하려면 모든 시간에서 효율성을 지키려는 마음에서 벗어나는 자세가 필요합니다. 하루에 8시간 일을 한다면 그 시간 내내 어떻게 효율적으로 일할 수 있겠습니까? 효율성과 집중력을 높이기 위해서는 오히려 이를 극대화하는 시간을 설정하고 그 시간대에 에너지를 집중하는 것이 좋습니다. 저는 이 시간을 C-Time이라고 부릅니다. 실제 집중력을 높이기 위해 실천하는 사람들의 사례에 바탕을 두고 몇 가지 요령을 설명 드리겠습니다.

첫째, 욕심 내지 말고 30분 정도를 정합니다. 이는 매일 지켜나가야 할 최소시간을 의미하는 것이기에 굳이 길게 잡을 이유가 없습니다. 예를 들어 오전 9시부터 9시 30분까지라고 하면 꼭 9시 30분까지만 C-Time을 유지하는 것이 아니라 잘되면 그대로 이어가면 됩니다. 필요한 경우 시간을 좀 더 늘려 1시간 정도로 해도 좋습니다.

둘째, 자기만의 이름을 지어도 좋습니다. C-Time도 좋지만 예를 들어 '황금시간' '불꽃시간' 등 자신이 직접 지은 이름을 붙여주는 것도 좋습니다. 뭐든지 자신이 만들고 이름 붙이고 참여할수록 더욱더 지켜나갈 수 있기 때문입니다.

셋째, 규칙을 정합니다. 다음의 세 가지 규칙은 꼭 들어가는 것이 좋습니다. C-Time에는 당일 가장 중요한 업무를 할 것, 자리이동이나 잡담을 하지 말 것, 인터넷이나 메신저 사용을 금할 것 등입니다. 필요한 경우 규칙을 조정해서 사용하시길 바랍니다.

넷째, 이 시간을 상기시킬 방안을 찾아봅니다. 중요한 것은 이 시간을 기억하고 계속 지켜나가는 것이 관건입니다. 이를 위해 모니터에 'C-Time AM 9:00~9:30'이라고 써서 붙여놓거나 매일 핸드폰 알람을 울리게 하는 것도 좋은 방법입니다.

3. 시동시간을 단축하라

게으름에서 벗어나려면 먼저 일부터 시작하고 나중에 놀거나 쉬는 시간을 갖는 습관을 갖는 것이 꼭 필요합니다. 게으름이 심할수록 일을 시작하는 데 소요되는 시동시간이 너무 길기 때문입니다. 구체적인 사례를 들어보면 심지어는 며칠 동안 하고자 하는 일은 시작도 하지 않고 게임이나 웹서핑만 하는 경우도 많습니다. 그러므로 시동시간을 단축하는 것이 꼭 필요합니다. 군이 이 시간 동안 많은 일을 할 필요는 없습니다. 중요한 것은 일부터 하고 그 다음에 쉬는 습관을 만들자는 것입니다. 한번 시작한 일을 다시 하는 것이 시작도 하지 않은 일을 하는 것보다 훨씬 쉽습니다. 시동이 걸려 있기 때문에 다시 출발하는 것은 훨씬 쉽기 때문입니다. 게다가 인간에게는 완성의 욕구가 있습니다. 우리는 무언가 시작한 일은 마무리를 짓고 싶은 마음이 있기 마련입니다.

자, 그럼 시동시간을 단축하기 위해 어떻게 해야 할까요? 여기서는 두 가지 지침을 말씀드리고자 합니다. 첫째, 늘 일을 조금이라도 먼저 시작하고 쉬는 것입니다. 시동부터 걸어두는 것입니다. 직장인이라면 출근하자마자, 그리고 오후 근무시간이 시작되자마자 5분이라도 일을 하고 그 다음에 쉬길 바랍니다. 당신이 어떤 일을 하는 사람이라도 마찬가지입니다. 큰 덩어리 시간이 시작할 때는 늘 5분 동안 일부터 하고 쉬거나 다른 행동을 하시길 바랍니다. 둘째, 어떤 과제를 끝내고 바로 쉬지 말고 다음 과제를 조금 시작하고 쉬십시오. 예를 들어 당신이 학생인데 과학 공부를 2장까지 하고 쉬기로 했다면 바로 쉬지 말고, 3장 첫 페이지를 읽어보고 쉬는 것을 권합니다. 이유는 마찬가지입니다. 우리는 시작한 것을 완성하려는 욕구가 강하기 때문입니다.

4. 자신과의 약속에 보상과 벌칙을 부과하라

받고 싶은 것을 보상으로 정하고 정말 하기 싫은 것을 벌칙으로 부과하는 것이 중요합니다. 예를 들어 일정 기간 동안 금연에 성공했다면 자신이 갖고 싶은 것을 자신에게 선물하는 것입니다. 그 보상의 규모가 다소 커도

실천지침

좋습니다. 자신에게 마음을 다해 선물을 해보십시오. 다른 사람에게서 받고 싶은 것을 자신에게 먼저 줘보십시오. 그것이 또 다른 동기부여가 될 수도 있습니다.

벌칙의 경우에도 정말 당하기 싫은 벌칙이 필요합니다. '정말 싫어하는 국회의원에게 후원회비 납부하기' '가장 보기 싫은 연예인 팬클럽 가입하기'와 같이 정말 하기 싫은 것을 약속하는 것이 좋습니다. 그리고 이러한 규칙을 정했다면 기록으로 남겨두십시오. 머릿속으로만 생각하는 일은 얼마든지 수정 가능하고 변명 또한 쉽기 때문입니다.

게으름 극복을 위한 십계명

1 '하면 된다!' 가 아니라 '왜 해야 하는가!' 를 발견하라.

2 마음의 상태를 살피는 또 하나의 마음을 키워라.

3 자신 안에 '더 큰 존재' 가 있음을 믿어라.

4 긍정적이고 구체적인 질문을 하라.

5 자신의 강점과 재능에 기초하여 '큰 그림(비전)' 을
   그려라.

6 운동과 휴식은 천연의 보약임을 명심하라.

7 매일 마음을 모을 수 있는 자기의식을 행하라.

8 중요한 일을 우선적으로 하라.

9 계획과 일을 소화 능력에 맞게 나눠라.

10 매일 한 가지씩 능동적 선택을 하라.

Master Key
변화일기 쓰기

비유적으로 말하자면, 비관주의자는 매일 한 장씩 떼어내는 달력이 날이 갈수록 얇아지는 것을 두려움과 슬픔으로 바라보는 사람과 같다. 그러나 낙관적으로 삶을 영위하는 사람은 달력을 한 장 한 장 떼어 그 위에 몇 마디 일기를 써놓고 주의 깊게 보관하는 사람과 같다. 그는 이 일기에 적어놓은 모든 귀중한 것과 충실하게 살아온 자기 삶의 전부를 긍지와 기쁨을 갖고 회고할 수 있다.

— 빅터 프랭클,《심리요법과 현대인》중에서

여기까지 이어서 읽었다면 너무나 많은 실천 과제로 인해 부담스러울 것 같다. 그래서 게으름에서 벗어나는 10가지 열쇠를 압축하여 하나의 마스터 키로 소개하려고 한다. 그 방법은 바로 '일기 쓰기'이다.

효과적인 방법이라는 것이 고작 일기를 쓰는 것이라고? 벌써 실망했을지도 모르겠다. 하지만 일기만큼 하루를 점검하고 삶에 질서를 부여해주는 방법도 없다. 그럼에도 왜 사람들은 일기를 잘 쓰지 않을까? 우선은 매일 쓰기가 부담스럽기 때문이다. 둘째는, 삶을 점검하다보면 매번 잘못한 일에 초점을 맞추기 쉬워 자기비난의 내용으로 채워질 위험이 있기 때문이다. 그러다보면 일기장이 반성문이 되고, 당연히 쓰기 싫어진다. 셋째는, 너무나 자유로운 형식 덕분에 무엇을 써야 할지 부담스럽기 때문이다.

그래서 이 같은 점들을 감안해 추천하는 방식이 바로 '오문五問·오감五感 변화일기'이다. 쉽게 말해 오감을 동원해서 다섯 질문에 대해 일기를 쓰는 것이다. 짧게 쓰면 다섯 줄만 써도 된다. 계속 강조하지만, 부담을 느끼지 않는 것이 중요하다. 그럴 때만이 오래 할 수 있기 때문이다.

1987년에 〈뉴욕 타임스〉에는 특이한 코너가 선을 보였다. 이 신문의 발행인인 스티브 모스가 독자들의 참여를 높이기 위해 독자가 직접 쓰는 소설 코너를 마련한 것이다. 재미있는 것은 55개 이상의 단어를 사용할 수 없게 제한을 두었다는 점이다. 그래서 이 코너를 일명 '55픽션'이라고 부르게 되었다. 결과는 어땠을까? 그야말로 선풍적인 인기를 끌었다. 글을 쓰고 싶지만 작가라는 말에 주눅이 들었던 수많은 사람들이 '초미니 소설'을 통해 그 오랜 욕망을 봇물처럼 터뜨리기 시작했다. 이 일기도 마찬가지이다. 그 동안 일기가 주는 위압감에 압도당했다면 이러한 방식의 일기를 써보는 것이 좋을 것이다.

이것은 무엇보다 부담스럽지 않다. 쉽고 재미있다. 이 오감일기는 나의 경험에서 비롯된 결과물이다. 나는 어떻게 하면 변화의 결심을 유지하고 삶의 에너지를 드높일 수 있을까를 모색하면서 일기 쓰기를 점점 변형시켜왔다. '어떻게 하면 변화의 결심을 강화해나 갈 수 있을까?'에 대한 실천적 해답이 오감일기였던 것이다.

나는 이를 통해 많은 성과를 이룰 수 있었다. 일상을 더욱 깊이 체험하고, 삶을 감사하고, 과거의 자원을 떠올려 미래로 나아갈 동력으로 만들었고, 내가 원하는 미래를 미리 체험할 수 있었다. 그 경험은 현실과 유리되지 않았다. 오히려 현실에 기반하여 더욱더 앞으로 나아갈 수 있도록 내게 힘이 되었다. 눈을 감고 상상을 하다가 잠이 든 적도 많았고, 아이와 함께 그림을 그리면서 써 내려갔던 적도 많았으며, 마음이 풀어져 일주일 동안 중단했던 적도 있었다. 그러나 늘 방법을 개선하고 자신에게 맞게 고쳐나감으로써 결과적으로는 꾸준히 할 수 있었다. 만일 당신도 지금까지 소개한 방법들을 실천하기 어렵다고 느껴지거나 별로 실천할 만한 방법을 찾지 못했다면 이것 하나만을 꾸준히 써내려가기를 권한다. 2개월 이상 꾸준히 해나간다면 분명히 변화가 찾아올 것이다.

오문·오감 변화일기 쓰기

오문·오감 일기란 말 그대로 다섯 가지 질문에 대해 짧은 문답식 일기를 써내려가는 것입니다. 과거 한 줄(긍정적 경험), 현재 세 줄(감사할 일, 스스로 선택하고 행동한 일, 새롭게 느낀 점), 미래 한 줄(원하는 미래상)로 다섯 줄에 걸쳐 일기를 쓰는 것입니다. 단, 생각으로 쓰는 것이 아니라 오감을 동원해서 써야 합니다. 이 오감일기를 통해 우리는 감사, 낙관성, 유연성, 도전의식, 창의성, 희망, 자기성찰이라는 정신 근육을 강화하고 심상 능력을 발달시킬 수 있습니다. 이것은 강력한 긍정성 훈련의 도구로서 부정적인 마음을 교정하는 데 결정적 도움을 줍니다. 그리고 당신이 하고 싶은 것이 무엇인지를 알 수 있는 열쇠가 되어줄 것입니다.

■ 쓰는 요령

1. 처음 2개월 동안은 가능한 한 짧게 쓰십시오. 제일 중요한 것은 매일 쓴다는 것입니다. 매일 쓰는 것이 정 부담스러우면 평일만 써도 좋습니다.

2. 쓸 내용이 없고 다소 억지스러워도 쓰십시오. 특히, 지금까지 감사라는 정신 근육을 단 한 번도 써보지 않은 사람이라면 이것은 참 어려운 일일 수 있습니다. 하루가 아무 일도 없이 흘러갔다면 그 자체가 감사하다고

실천지침

써보십시오. 그러다보면 자연스레 범사에 감사하는 마음을 지닐 수 있습니다.

3. 글을 쓸 때 잠깐 상상의 나래를 펴서 기억에 살을 붙이고 오감으로 경험하는 것이 좋습니다. 친구랑 바다낚시를 갔던 일이 기억난다면 그 구절을 쓰면서 머릿속으로 기억의 나래를 펼치는 것입니다. 보이는 풍경, 파도 소리, 바닷바람의 냄새, 회의 맛 등등. 다섯 가지 질문 중에서 '과거의 긍정적 경험'과 '원하는 미래상'은 특히 오감을 동원하여 쓰도록 노력하십시오.

4. 변화의 원칙은 누구에게나 변함이 없지만 변화의 방법은 모든 사람에게 똑같이 적용되어서는 곤란합니다. 스스로 자기화를 시켜야 합니다. 변화일기 양식의 경우 자신에게 맞게 적용하는 것이 중요합니다. 예를 들어 '오늘 새롭게 느낀 점은?'이라는 질문을 답하기가 어렵다면 이를 '매일 나에게 칭찬 한마디!' '오늘 천천히 한 일'이라는 식으로 고쳐서 써가도 좋습니다.

5. 편한 시간에 편한 장소에서 편한 형식으로 쓰십시오. 잠들기 전에 엎드려서 써도 되고, 아이가 있다면 아이와 대화하면서 써도 좋고, 그림으로 그려도 좋습니다.

6. 강제성을 부여하려면 블로그에 '60일간의 일기'와 같은 폴더를 만들어

외부에 노출시켜도 좋습니다.

7. 매일의 일기에 제목을 달아보십시오. 자기 마음대로 말입니다. 당신의 시대는 당신의 언어로 오기 때문에 새로운 표현 방법을 늘려나갈 필요가 있습니다.

예 : 2009년 0월 0일 '삶은 계속된다'

1) 과거의 긍정적 경험이나 추억 하나를 떠올린다면?

　　대학교 2학년 여름방학 때 지리산에서 일몰을 보던 순간

2) 오늘 감사할 일은?

　　전화로 안부를 물어본 친구에게 감사!

3) 오늘 스스로 선택해서 한 일은?

　　초밥이 먹고 싶어 초밥집에 감.

4) 오늘 새롭게 생각한(느낀) 점은?

　　걸으면서 '바쁘지 않을 때도 내 발걸음이 빠르구나!' 라는 생각을 함.

5) 원하는 미래의 모습을 하나 떠올린다면?

　　공모전에 출품한 작품이 입상하여 수상하는 모습

진정한 성공과 행복을 위하여!

나는 이 책을 통해 어떻게 게으름에서 벗어날 수 있는지를 이야기하고 싶었다. 그리고 그 방법의 핵심은 '자기로서 살아가는 것'에 있음을 여러 차례 강조했다. 자기로서 살아가려면 우리는 삶의 매 순간을 능동적으로 선택해야 한다. 또한 무리를 추종하거나 다수에 편승하지 않고, 내면의 목소리와 자신의 강점에 충실해야 한다. 이를 위해서는 한동안 '이것은 나의 선택인가?'라는 질문을 가슴에 품고 살아야 한다.

인간이 자유로운 것은 '자기결정'의 존재이기 때문이다. 인간은 자극에 획일적으로 반응하지 않는다. 인간은 동물과 다르게 자극과 반응 사이에 공간 space을 간직하고 살아간다. 성장을 하면서 누군가는 그 공간을 끊임없이 확대시키고 누군가는 흔적조차 찾기 어려울 정도로 축소시킨다. 그 공간의 이름은 바로 인간의 '자유의지free will'이다. 우리는 그 공간 안에서 외부 세계를 받아들이고 자신의 반응을 선택한다. 그렇기에 인간은 동물과 달리 자극에 반응response하는 것이 아니라 대응coping한다.

선택에 대한 자유의지를 말할 때 빼놓을 수 없는 인물이 있다. 자기계발 분야에서는 너무나 많이 인용된 인물이지만 그럴수록 퇴색되지 않고 더욱 빛이 나는 그는, 바로 오스트리아 출신의 정신과 의사인 빅터 프랭클Viktor E. Frankl이다. 그는 1942년 9월 나치스에게 체포되어 3년 동안 강제수용소에서 생활하면서 아내와 부모 형제를 모두 잃어야만 했다. 게다가 그 자신도 장티푸스로 사경을 헤매는 등 몇 번의 죽을 고비를 맞이했다. 그럼에도 그는 어떻게 삶에 대한 희망을 놓지 않을 수 있었을까?

그것은 그가 고통의 의미를 찾아내려고 애썼기 때문이다. 그는 이 끔찍한 역사의 현장을 살아서 증언하겠다는 각오로 훔친 종이에 원고를 정리하며 자신을 지탱했고 그 기간 동안 로고테라피의 싹을 틔웠다. 프랭클은 어떠한 상황에서도 인간은 자신의 행위를 선택할 수 있는 최후의 자유를 갖고 있다는 것을 온몸으로 보여줬다. 그는 수용소에서의 경험을 바탕으로 인간의 나약함 뒤에는 근본적인 의

미가 있으며, 변화할 수 있는 잠재력이 있다고 강조했다. 그의 말을
잠깐 소개해본다.

나는 그 불행한 상황 너머에 있는 의미를 발견하고 무의미한 고통으로 보
이는 것을 진정한 인간적 성취로 변화시킬 수 있다는 것을 알고 있다. 결국 모
든 상황은 그 안에 의미의 씨앗을 내포하고 있다. 수용소에서, 이 생생한 실험
실이자 시험장에서, 나는 동지들 중 일부는 돼지처럼 행동하고 일부는 성자
처럼 행동하는 것을 목격했다. 사람은 자신 안에 그 두 가지 가능성을 모두 갖
고 있다. 어느 것이 활성화될 것인지는 조건이 아닌 우리가 하는 결정에 달려
있다.

우리는 배우기 위해 고통을 겪어야 할 필요는 없다. 하지만 어쩔 수 없이 겪
어야 하는 고통에서 교훈을 배우지 않는다면 우리의 삶은 정말 무의미해진다.
우리가 운명을 받아들이는 방식은 삶에 의미를 더해줄 수 있다. 우리가 반응
하는 방식을 우리 스스로 통제할 수 있다.

인간이 변화하고 성장한다는 것은 무엇일까? 그것은 삶에서 '선
택당함'의 영역이 줄어들고 '선택함'의 영역이 늘어나는 것이라고
생각한다. 나는 이 책을 통해 줄곧 게으름에서 벗어나자고 역설했
다. 어쩌면 그런 내 모습이 일을 시키기만 하면서 노동의 신성함을
부르짖던 게으른 권력자들과 흡사하게 보일지도 모르겠다. 하지만

나는 단순히 부지런하게 살자고 말하고 싶지 않았다. 그보다는 '마음이 원하는 길'을 걸어 '자신이 가장 빛날 수 있는 곳'으로 나아가자고 말하고 싶었다. 그것이야말로 게으름의 진정한 대척점이기 때문이다.

언제부터인가 많은 사람들이 행복을 이야기하고 있다. 다 같이 행복을 말하지만 자세히 보면 두 목소리가 섞여 있는 것 같다. 첫 번째 부류의 행복론자는 인간은 존재 자체로 행복할 수 있다고 말한다. 그들 말대로라면, 인간이라는 뜻의 영어 단어 human-being의 상태로 돌아오면 인간은 누구나 행복해진다. 게으름 혹은 느림을 예찬하는 사람들이다.

그에 비해 두 번째 부류의 행복론자들은 행복을 삶의 목표로 삼는 사람들이다. 성공처럼 행복도 끊임없는 노력을 통해 도달해야 할 가치로 바라본다. 그렇기에 그들은 human-doing을 강조한다. 빠름의 철학을 가진 사람들이다. 묘하게도 너무 다른 두 목소리가 '행복'이라는 말을 함께 사용하고 있다. 우리는 이 두 가지 행복 앞에서 어떤 것을 선택해야 할까? 아니, 꼭 이 둘 중 하나를 선택해야만 하는 것일까?

물론 그렇지 않다. 행복은 길 위에서 피어나는 꽃이어야지 목표에 도달한 뒤 받는 트로피가 되어서는 안 된다. 행복이 만일 목표라면 그곳에 도달하기 전의 삶은 불행으로 물들 수밖에 없다. 느림의

미학을 설파하는 사람들 가운데는 욕망의 덧없음을 이야기하는 사람들이 많다. 하지만 우리는 욕망 없이 이 시대를 살아갈 수 없다. 우리에게 필요한 것은 건강한 욕망이다. 욕망이 없다면 고통과 불안이 사라질지 모르지만 세상은 창백하게 색깔을 잃어갈 것이다. 불행한 것은 욕망 자체라기보다는 내적 욕망을 외면하고 외적 욕망에 이끌리는 것이다. 우리의 욕망이 천성(유전자)과 맞지 않고, 외적 동기에 이끌릴 때 우리는 자신을 잃어간다.

존재와 행위 중에 어느 하나를 택할 필요는 없듯이 빠름과 느림 중에 어느 한 가지 속도로만 살아갈 필요는 없다. 느림과 빠름은 상호보완적으로 존재하는 삶의 리듬이기 때문이다. 흙은 부드러워서 좋은 것이고 돌은 딱딱하기에 나쁜 것일 수 없듯이, 빠름과 느림도 좋고 나쁨의 관계가 아니다. 물론 앞에서 이야기한 것처럼 지금의 속도는 인류가 적응하기에는 힘든 속도이다. 우리의 의사와 상관없이 사람들에 떠밀려 허둥지둥 종종걸음을 치게 되어 있다. 삶의 한 부분이 아니라 전 영역에서 스피드를 강요낭하는 우리는 느림이라는 리듬을 되찾아야만 한다. 그렇지만 그것이 빠름을 배격하는 것으로 귀결되어서는 안 된다. 문제는 빠름이 아닌 조급함이며 느림이 아닌 게으름이기 때문이다.

우리는 빠름과 느림을 왔다갔다할 수 있는 마음의 스위치를 만들 필요가 있다. 물론 이것은 대단한 수준의 경지이다. 그러나 이 초스피드 시대를 살아가면서 익혀야 할 핵심 능력 중의 하나라고 생각한다.

21세기는 '빠름 속에 느림! 느림 속에 빠름!'의 이중적 특성double trait이 요구되는 사회이다. 그렇기에 21세기를 살아가는 우리는 영장류가 아니라 때로는 양서류가 되어야 한다. 물과 뭍 양쪽을 오가고 외부환경의 변화에 따라 체온이 달라지는 양서류처럼 빠름과 느림을 오가며 외부환경에 따라 속도를 조절하는 그런 인간이 될 필요가 있다. 메트로놈의 정해진 박자에 맞추는 기계적 리듬이 아니라, 상황에 따라 '빠름과 느림' 두 템포 속에서 자신만의 리듬을 만들어가는 사람이 요구되는 것이다.

결국 우리는 human-doing과 human-being의 이중적 비전을 가지고 살아가야 한다. 심리학자 매슬로우는 삶을 '다른 존재가 되려는 과정의 연속', 즉 becoming이라고 보았다. 인간의 변화와 발전 가능성을 중요하게 여긴 셈이다. 그래서 나는 21세기가 원하는 자기실현형 인간을 human-becoming이라 부르고 싶다. 이 단어야말로 human-doing과 human-being의 이중적 비전을 가지고 살아가는 사람들을 가장 잘 표현해주기 때문이다.

삶은 과정이다. 육체의 성장에는 끝이 있지만 삶의 성장에는 끝이 없다. 끝났다고 믿는 사람들만이 있을 뿐이다. 삶은 결코 '끝end'이란 말과 공존할 수 없다. 끝은 새로운 시작을 의미할 뿐이다. 그러므로 게으름은 성장이 끝난 상태가 아니라 성장이 멈춰 있는 상태를 말한다. 추위가 강물을 얼어붙게 만들어도 얼음 아래에는 시퍼런 강물이 흘러가듯 게으름은 우리의 삶을 얼어붙게 해도 그 아래에는 여전히 거친 생명력이 흘러가고 있다. 조용히 귀를 기울여 내면의 소리를 들어보라!

우리는 모두 씨앗인 채로 세상에 태어났다. 삶이란 우리가 갖고 태어난 씨앗들을 가꾸고 키워서 꽃을 피우고 다시 씨앗을 뿌리는 과정이라 할 수 있다. 그렇기에 삶은 성공이란 꽃을 피우느냐 피우지 못하느냐의 문제이지 무슨 꽃을 피우는지, 몇 개의 꽃송이를 터뜨리는지, 언제 꽃망울을 터뜨리는지는 중요하지 않다. 다른 꽃을 부정하거나 다른 꽃과 경쟁하는 꽃을 본 적이 있는가? 당신은 어쩌면 피어난 꽃들을 부러운 눈으로 보며 자신의 삶은 피지도 못한 채 시들어간다고 느끼고 있을지 모른다. 하지만 꽃은 봄에만 피는 것이 아니고, 한 해만 피는 것도 아니며, 멋진 꽃밭에서만 피는 것도 아니다. 가을에 피는 국화도 있고, 10년 만에 피어나는 행운목도 있고, 진흙에서 피어나는 연꽃도 있다. 우리 인생 최고의 날은 아직 오지 않았다. 자신이 가장 잘 어울리는 곳으로 나아가라. 그 자리에 서 있을 때 우리의 삶은 하나의 꽃으로 피어날 것이다.

나는 게으름에서 벗어나는 것도, 진정한 행복을 만나는 것도, 그리고 삶에서의 성공도 결국 하나라고 본다. 즉, 자기로서 살아가는

가의 문제인 것이다. 결국 삶의 목적은 피어나는 데 있다. 'Life is blooming!' 그렇기에 이 말을 마지막으로 책을 끝맺고 싶다.

'너로서 살아가라!'

정신경영 아카데미

- 정신경영 아카데미는 정신과 의사가 주축이 된 〈정신경영 연구회〉와 함께 정신건강과 자기계발 분야의 지식과 경험을 통합하고 최신 뇌과학 원리를 응용하여 21세기가 원하는 자기계발 이론과 정신훈련 프로그램을 계발하고 보급하는 연구기관입니다.

- 정신경영 아카데미는 '자기실현'을 위한 강점계발과 정신역량의 향상을 위해 통합적 정신훈련(IMT: Integrated Mental Training)을 제공하는 교육기관입니다. 특히 개인과 조직의 정신역량과 정신태도를 평가하여 최적의 멘탈 솔루션(맞춤형 정신훈련 프로그램)을 제공합니다.

1 성인을 위한 프로그램
자기실현을 지향하는 셀프리더십 프로그램

2 청소년(중고생)을 위한 프로그램
셀프리더십 및 셀프러닝 프로그램

3 전문가를 위한 프로그램
심상훈련(Imagery Training) 프로그램

통합적 정신훈련(IMT) 프로그램

- 성인과 청소년 프로그램은 정기적으로 개최되는 그룹 프로그램과 개인별 코칭 프로그램으로 구분됩니다. 각 프로그램에는 개인별 멘탈 모델과 정신태도를 평가하는 검사가 이루어지며, 이를 토대로 개인별 멘탈 트레이닝을 안내하고 있습니다.

- 전문가란 인간의 정신적 변화와 성장에 관련된 일을 직업으로 삼고 있는 기업체 및 자기계발 강사, 스포츠 지도자, 보건의료인, 교육자, 상담가, 종교인 등과 이를 준비하는 사람을 말합니다.

- 정신경영 아카데미와 프로그램에 대해 더 알고 싶은 분은 www.mentalacademy.org로 들어오셔서 확인하시거나 문의하시기 바랍니다.